Orbis

Christiane Eisler-Mertz

Selbstsicherheit durch Körpersprache

Das Training zum selbstbewußten Auftreten

Orbis Verlag

Zeichnungen: Kamilla Szij

Sonderausgabe 1992
Orbis Verlag für Publizistik GmbH, München

Satz: Filmsatz Schröter GmbH, München
Druck u. Einband: Mohndruck
Graphische Betriebe GmbH, Gütersloh
ISBN 3-572-00542-6

Inhaltsverzeichnis

Wozu dieses Buch

Wer von Ihnen, liebe Leser, ist mit sich rundum zufrieden? Derjenige, der das von sich behaupten kann, sollte das Buch gleich aus der Hand legen. Er muß es nicht lesen.

Wer von Ihnen ärgert sich, daß er nicht den Mut hat, genauso unbekümmert und scheinbar hemmungslos zu reagieren wie andere es tun, sondern zögert, zaudert, überlegt – und dann, wenn er sich endlich entschlossen hat, war ein anderer schon schneller? Wem es so geht, der sollte ein paar Kapitel lesen, vielleicht merkt er dann, woran es liegt und sagt sich: »Aha, darauf muß ich also aufpassen!«

Doch wenn Sie zu denen gehören, die oft mit sich unzufrieden sind, sich tagelang grämen, weil Sie wieder nicht das richtige Wort im richtigen Moment gesagt haben, wieder eine Gelegenheit vorübergegangen ist, ohne daß Sie gezeigt haben, daß Sie ein zuverlässiger, aufgeschlossener, freundlicher Mensch sind, daß Sie sich wieder haben überfahren lassen von denen, die immer die Stärkeren sind – dann sollten Sie das Buch ganz durchlesen! Sie werden die Situationen wiedererkennen, in denen Sie Schwierigkeiten haben, vor denen Sie am liebsten kneifen, oder in denen Sie auf die Nase fallen, obwohl Sie genau wissen, daß Sie das nicht tun sollten, durften, brauchten ...

Haken Sie hier ein! Schwierigkeiten sehen – erkennen – und vorbeugen!

Stellen Sie sich eine Straße vor. Auf einmal sehen Sie ein Stück geteerter Fläche, vor Hitze dampfend. Blitzschnell denken Sie: Vorsicht – klebt – heiß – nicht drauftreten! Und

Sie weichen aus. Das heißt, eigentlich denken Sie gar nicht. Sie wissen es und handeln unbewußt richtig.

Warum sollte diese unbewußte Bremse nicht auch bei anderen Dingen funktionieren?

Seien Sie sicher, sie funktioniert sogar sehr gut, wenn wir wissen, wann und wo bei uns selbst der Punkt ist, an dem wir den heißen, klebrigen Teerbelag nicht sehen. Bei der Straße ist es noch verhältnismäßig folgenlos: Schlimmstenfalls treten Sie einmal rein. Der verdorbene Schuh, das unangenehme Kleben warnt Sie vor jedem zweiten Versuch.

Woran liegt es aber, daß Sie nie den Mund aufkriegen, um sich an der Rezeption über das schlechte Zimmer zu beschweren? Und wenn Sie es tun, warum lassen Sie sich immer sofort einschüchtern und stumm machen, wenn der Hotelportier Ihnen sagt, es sei doch ein gutes Zimmer und er habe kein anderes? Und das passiert nicht nur einmal, sondern fast auf jeder Reise, obwohl Sie vorher um ein sonniges Balkonzimmer gebeten haben.

Wo ist der Schwachpunkt, bei dem die anderen sofort einhaken und Sieger bleiben?

Oder woran liegt es, daß Sie pünktlicher sind als die Kollegin, schneller und gewissenhafter arbeiten und den Beruf viel ernster nehmen – aber wenn es um spontane Dinge geht, um Meinungen, Fragen, Entscheidungen, die Kollegin zuerst gefragt wird, obwohl Sie es viel besser wissen und dabei auch die Nachteile einer Angelegenheit bedenken.

Oder Sie sind ein guter Gesellschafter, immer spritzig, immer in Form. Sie machen Komplimente und Scherze, wissen Witze und Bonmots, und trotzdem haben Sie manchmal das unbehagliche Gefühl, daß andere Sie nicht sehr respektieren. Sie erzählen nur Tatsachen, aber alle meinen, daß Sie übertreiben. Wie kommen die zu dieser Meinung? Das macht Sie im tiefsten Inneren ganz nervös.

Vielleicht sagen jetzt einige von Ihnen: Das sind ja Kleinigkeiten! Wenn es weiter nichts ist! Die Sorgen möchte ich haben! Aber viele kleine Nadelstiche tun auch weh – und vor allem immer wieder an derselben Stelle!

Nun könnte man sagen, Fall I: Portiers sind eben so, die sind mit allen Wassern gewaschen, gegen die Sorte Menschen kommt man nicht an.

Man könnte sagen, Fall II: Gründlichkeit und Ernst – wer will das schon! Bißchen Schischi und Bluff und dummes Gekicher sind eben gefragt, aber das ist nicht meine Art. Soll der Chef doch sehen, ob er damit besser weiterkommt, als mit meinen Ratschlägen. Wird schon sehen, was er davon hat!

Und man könnte auch sagen, Fall III: Ich schmeiß den Laden und jede Party! Sind ja blöd, wenn die sich nicht amüsieren. Sind nur neidisch, weil sie nicht so im Mittelpunkt stehen können wie ich. Das kann eben nicht jeder!

Doch nun kommt leider eine ziemlich kalte Dusche. Der Satz, den ich jetzt zitiere, schreibt sich leicht hin, ist aber eine der schwerwiegendsten Erkenntnisse unseres Lebens, und kommt erst in den Jahren, wo wir bereits die ersten Narben und blauen Flecke hinter uns haben.

Wir können die anderen nicht ändern, wir können nur uns selbst ändern. Das Resultat ist eine erstaunliche Tatsache:

Wenn wir uns ändern, machen wir einen anderen Eindruck.

Die Fallstricke im Leben

Wenn ich schlurfend, engbeinig und mit kleinen Schritten gehe, vermittle ich den Eindruck von Unsicherheit, Ängstlichkeit und Altsein.

Wenn ich mit federnden, raschen Schritten zielsicher laufe, vermittle ich den Eindruck von Energie, Schwung, Sicherheit und Jugendlichkeit.

Wenn ich beim Sprechen dauernde Wiederholungen und »ähhs« und »hmmms« einschiebe, und »Ahem, Sie wissen – ahem – was ich – ahem – meine«, mache ich einen fahrigen, unkonzentrierten und suchenden Eindruck.

Wenn ich fließend, deutlich und ohne Stocken sage: »Sie wissen also, was ich meine«, vermittle ich den Eindruck von Bestimmtheit und Sicherheit.

Wenn ich im Gespräch über meine Gehaltserhöhung die Hände krampfhaft ineinander verschlinge, sozusagen sprung- und fluchtbereit vorne auf der Stuhlkante sitze, mir auf die Lippen beiße und meine Augen ängstlich zwinkern, erwecke ich den Eindruck von Schüchternheit, Übersensibilität und Minderwertigkeitskomplexen.

Wenn ich die Hände offen und ruhig auf dem Tisch liegen lasse, gerade zurückgelehnt locker dasitze, dem Gegenüber klar und konzentriert in die Augen sehe, mache ich den Eindruck eines Menschen, der weiß, was er will, der von sich überzeugt ist, keine Angst vor dem anderen hat und seinen Selbstwert kennt.

Wir wirken durch unser Auftreten, und die anderen bilden sich eine Meinung über uns. Leider können wir die anderen nicht verändern, obwohl wir uns das unser Leben lang glühend wünschen: »Einmal –«, denkt jede Sekretärin sehnsüchtig, »– einmal nur möchte ich ihm sagen, daß er ein miserabler Chef ist, daß ich mit Engelsgeduld seine Launen ertrage! Hinblättern möchte ich ihm die Akten und sagen: Sehen Sie diesen Fehler, diesen Schnitzer? Ohne mich säßen Sie nicht so da! Sie machen Dienstreisen und ich Überstunden! Dabei – wenn Sie wüßten, was ich weiß! Zum Beispiel die Fahrten nach Bonn! Auffliegen lassen könnte ich Sie. Und eines Tages, da werde ich . . .« Und das können Sie stundenlang weiterdichten.

Aber wir brauchen gar nicht so weit zu gehen.

Das kennen Sie doch von manchen Ehemännern:

»Ich geh nicht in Kneipen oder sonstwohin, jeden Abend komm ich nach Hause, ich hab keine Freundin – aber sie stichelt dauernd an mir herum, daß ich maulfaul bin, daß sie die stumpfsinnige Hausarbeit machen muß, daß sie sich alles anders vorgestellt hat! Das macht mich ganz krank, dauernd muß ich zu Hause rülpsen und husten. Das findet sie widerlich. Aber eines Tages lieg ich da – Kollaps, Infarkt, da hat sie's dann, dann wird sie jammern, daß sie mir das Leben zur Hölle gemacht hat . . .«

Merken Sie was? Wir leiden, aber schuld ist der andere.

Natürlich hat er oft schuld! Aber er wird es nicht einsehen, selbst wenn wir es ihm sagen könnten. Doch meistens *können* wir unserer Umwelt ihre Fehler gar nicht so an den Kopf werfen. Da gibt es viele Gründe: Rücksicht, gesellschaftliche Unterschiede, Abhängigkeiten beruflicher und finanzieller Art, Angst vor Auseinandersetzung und Streit und die Resignation um des lieben Friedens willen mit dem Fazit: Nutzt ja doch nichts.

Der letzte Gedanke ist gar nicht mal so falsch.

Aber deprimierend!

Also müssen wir anderswo ansetzen, um uns nicht sinnlos immer wieder über dieselben Dinge zu grämen, zu ärgern und mutlos zu werden. Sie kennen doch alle die Nibelungensage von Siegfried, dem jungen Helden, der den

Drachen erschlägt und in dessen Blut badet, das ihn unverwundbar macht. Bis auf die kleine Stelle mit dem Lindenblatt zwischen den Schultern – aber das ist eine andere Geschichte. Zum Glück gibt es keine Drachen mehr – aber auch keine Unverwundbarkeit durch einen Schutzpanzer. Leider!

Wir müssen also weiterdenken.

Nehmen wir Fall I: Sekretärin/Chef.

Warum weiß der Chef nicht, daß die Sekretärin so tüchtig ist? Zeigt sie es ihm nicht? Erweckt sie vielleicht den Eindruck: »Na, mit der kann ich Schlitten fahren, die merkt ja doch nichts!« Oder: »Die hat sowieso kein Privatleben, die Arbeit füllt ihr Leben wenigstens aus!« Oder: »Ein Glück, daß die so dämlich ist und nicht weiß, daß ich ohne sie aufgeschmissen bin!«

Wenn die Sekretärin aber *zeigt* und zu verstehen gibt, daß sie *nicht* so ist –, wird da der Chef nicht doch einen anderen Eindruck bekommen?

Nehmen wir Fall II, den dauernd gescholtenen Ehemann und seine Frau. Warum meint sie eigentlich, sie könne unentwegt auf ihm herumhacken? Vielleicht widerspricht er nicht? Vielleicht hat er Angst vor ihr und ist wirklich feige? Er hustet und stößt auf vor Unbehagen – vielleicht reizt sie das besonders, statt ihr Mitleid zu erregen! Vielleicht würde es sie gar nicht stören, wenn er abends mal zum Kegeln ginge wie ein in ihren Augen »normaler Mann«?

Man kann es drehen, wie man will: Wenn wir in gewissen Situationen einen anderen Eindruck vermitteln wollen, müssen *wir* uns also ändern.

Wie?!

Wir können ja nicht plötzlich ein anderer Mensch werden!

Ist jemand eher schüchtern, leise, unauffällig – wird er sich nicht über Nacht forsch, resolut und mit Ellenbogen den Weg bahnen.

Oder jemand mit einem verspielten, fahrigen, verhuschten Wesen, sprunghaft und impulsiv – er kann nicht auf einmal präzise, überlegen, stabil und besonnen wirken.

Ein anderer wäre so gern stets fröhlich und ausgeglichen, freundlich und zutraulich – dabei leidet er unter Stimmungsschwankungen, die leicht umkippen, er wirkt daher launisch und das dauernde Hin und Her verärgert die anderen.

Nun kommt der schwierige Punkt, an dem fast alle scheitern: *Woher weiß ich, wie ich auf andere wirke und welchen Eindruck ich mache?*

Da gibt es nämlich zwei grundverschiedene Bilder: Das, was *wir* von uns haben, und das, was die *anderen* von uns haben. Dazwischen kann ein großer Unterschied liegen!

Erstes Beispiel

In einem Testbogen für Eltern und Kinder standen etliche Eigenschaften, die jeweils angekreuzt werden sollten. Wie sieht die Mutter sich selbst, wie wird sie vom Kind wahrgenommen?

Das Ergebnis war verblüffend. Klugerweise hatte man einen Code benutzt, so daß jeder unbeeinträchtigt seine Meinung aufschreiben konnte.

So sah die *Mutter* sich selbst:	So sah das *Kind* sie
fürsorglich	zudringlich
achtsam	streng
flink	flink
genau	pingelig
teilnehmend	neugierig
ausgeglichen	ausgeglichen

Nur zwei Eigenschaften sahen beide gleichwertig. Offenbar waren fast alle Eigenschaften der Mutter in den Augen des Kindes etwas zuviel, und es schreckte verängstigt vor diesem Übereifer zurück.

Ergebnis im Zusammenleben: Innere Abwehr und Zurückhaltung des Kindes machen die Mutter unsicher. Aus Unsicherheit verdoppelt sie ihre Eigenschaften und Anlagen und übersteigert sie. Der Eindruck ist negativ.

Zweites Beispiel:

Ein mittlerer Unternehmer ist mit Recht stolz auf das, was er geleistet hat. Seine zahlreichen Geschäftspartner oder Freunde sehen ihn zum Teil etwas anders.

Unternehmer:	*Geschäftspartner:*
dynamisch	übersteigert
optimistisch	naiv-gutgläubig
positiv	zweckoptimistisch
gesellig	gefallsüchtig
gesprächig	geschwätzig
eine Führernatur	Geltungsdrang
Er macht ——→	diesen Eindruck.

Ergebnis im Zusammenleben: Wenn der Unternehmer die leiseste Kritik oder gar Ironie spürt, wird er unsicher. Um die anderen zu überzeugen, daß er tüchtig ist, übertreibt er und übersteigert seine im Grunde guten Anlagen. Der Eindruck wird negativ.

Dies ist die Gruppe, die aus Aufregung und Unsicherheit vorhandene gute Eigenschaften hochspielt. Unsicherheit wird zur Übertreibung und Übersteigerung.

Dann gibt es eine zweite Gruppe

Erstes Beispiel:

Der *Chef* einer Firma sieht sich so:	Ein leitender *Angestellter* sieht ihn so:
tolerant	gleichgültig
distanziert	unpersönlich
ausgeglichen	lauwarm
verbindlich	ohne Standpunkt
nach allen Seiten offen	Konformist
großzügig	kann nicht nein sagen

Der leitende Angestellte, seine »rechte Hand« und sein Vertrauter, war eine ziemlich dynamische Natur, er erledigte die Arbeit und wollte selbst auf einen führenden Posten.

Die aktive Aggression des Angestellten machten den eher verbindlichen Chef im Laufe der Zeit unsicher und ängstlich.

Aus Unsicherheit verbirgt er seine an sich positiven Anlagen statt sie zu entwickeln. Der Eindruck wird negativ.

Zweites Beispiel:

Eine Geldanlageberaterin sieht sich selbst so:	*Die jungen Bankkunden* sehen sie so:
sparsam	geizig
überlegt	schwarzseherisch
vorsichtig	ängstlich
vertrauenerweckend	betulich
abwägend	unentschlossen
vorausschauend	risikofeindlich

Weil sie die Ablehnung der jungen Kunden spürt, schrumpfen die an sich positiven Anlagen und verkümmern. Angst und Unsicherheit der Geldanlageberaterin nehmen ihr den Schwung. Ihr Eindruck wird negativ.

Dies ist die Gruppe, die aus Aufregung und Unsicherheit vorhandene gute Eigenschaften unterspielt. Unsicherheit wird zur Untertreibung und Selbstunterschätzung.

Vielleicht merken Sie, in welche Richtung Sie eher tendieren? Dann haben Sie eine wichtige Einsicht gewonnen!

> Jetzt kommt ein wichtiger Einschub! Fast alle Menschen sagen an diesem Punkt: Aber ich bemühe mich doch so, das nicht zu zeigen!

Davon bin ich überzeugt. Wer zeigt schon gerne freiwillig seine schwachen Seiten! Also sammeln wir Argumente und Beweise, gebrauchen Ausreden, Notlügen oder Übertreibungen, damit der andere ja nicht merkt, wie es wirklich um uns steht bei Verhandlungen, Auseinandersetzungen, wichtigen Gesprächen, Bewerbungen.

Das machen wir *bewußt*, mit Kopf, Verstand und Überlegung, aber unsere *unbewußten* Reaktionen, die wir durch unsere Gesten, unsere Haltung und unsere Bewegungen ausdrücken, verraten dem anderen, wie es wirklich um uns steht.

Sie sagen Ihrem Sohn ganz ruhig und freundlich, daß Sie nichts dagegen haben, wenn er die Schularbeiten erst abends macht. Doch ohne daß Sie es merken, hämmern bei jedem Wort die Fingerknöchel Ihrer geballten rechten Hand auf die Tischplatte. Der Sohn glaubt Ihren ruhigen freundlichen Worten nicht. Die unbewußte Botschaft der auf den Tisch klopfenden Hand signalisiert ihm, was Sie wirklich denken: »Am liebsten würde ich dir links und rechts ein paar kleben, leider darf ich das nicht, ich muß mich beherrschen!«

Der Sohn weiß nur: »Irgendwas stimmt nicht an den sanften Worten!« Er weiß aber nicht, daß es Ihr wütendes Klopfen ist, das ihn mißtrauisch macht.

Sie denken nur: »Er darf nicht merken, wie wütend ich bin!« Sie wissen aber nicht, daß Sie dabei so böse mit den

Knöcheln klopfen und daß dieses Trommeln Ihren Zorn verrät!

Oder Sie haben eine wichtige Besprechung. Ihr Partner versichert Ihnen, daß er sich Ihre Einwände wirklich durch den Kopf gehen lassen will, daß er Ihnen sehr aufmerksam zuhört. Dabei schnippt er unaufhörlich die noch gar nicht vorhandene Asche von seiner Zigarette, dreht sich häufig nach links und nach rechts in seinem Bürosessel, seine linke Hand streichelt dauernd geistesabwesend den Telefonhörer. Er legt die linke Akte auf die rechte und gleich hinterher wieder die rechte auf die linke. Und Sie reden und reden und werden immer unsicherer und nervöser, obwohl er Ihnen versichert, wie sehr er Ihre Argumente beherzigen wird.

Seine Gesten signalisieren Ihnen aber etwas ganz anderes: »Jedes Wort möchte ich am liebsten wie Asche abschnippen, wenn ich nur mit jemand anderem reden könnte (Telefon!), am liebsten würde ich mich jetzt mit ganz anderen Dingen befassen (Akten hin und her legen).«
Er macht diese Gesten ganz unbewußt und hat keine Ahnung, daß sie ihn verraten.

Sie wissen nur, daß die freundlichen Worte nicht stimmen. Aber Sie wissen nicht warum, weil Sie die Körpersignale nicht bewußt *sehen* und darum nicht *deuten* können.

Nun werden Sie sagen: Ja, wenn ich weiß, was diese Gesten alles bedeuten, dann ist es ja kein Problem, dann muß ich eben anders reagieren, um Erfolg zu haben – aber wie weiß ich das denn?

Helfen kann uns die Kenntnis von den Signalen der Körpersprache. Ununterbrochen, ohne daß wir es merken, senden wir diese Zeichen der Sympathie, der Antipathie, der Angst, der Nervosität, des Zornes aus – beim Gehen, Stehen, wie wir uns setzen, wie wir einen Raum betreten. Damit zeigen wir, was wir wirklich denken und was wir vom anderen halten.

Übrigens ...

Sie *alle* kennen diese Sprache ohne Worte sehr gut!

Als Sie auf der letzten Schiffsreise mit dem Tischnachbarn flirten wollten – Ihr Mann sollte das natürlich nicht merken! – liebe Leserin, wissen Sie noch, wie Sie mit der Gabel herumspielten? Dabei bewegten sich Ihre Finger graziös in Richtung des Visavis. Sie rückten ganz unauffällig näher an seine Serviette heran, auf der seine Hand lag, die sich dann auch in Ihre Richtung bewegte ... und wenn Sie zufällig nach dem Ober Ausschau hielten, trafen Ihre Blicke zufällig die Augen Ihres Flirts, die das sofort verstanden und sich sekundenlang in Ihren Pupillen festsaugten, ehe sie scheinbar gleichgültig wieder aus dem Fenster schauten ...

Weder Sie noch Ihr Flirt haben dabei *gedacht*, diese Signale haben Sie einfach instinktiv ausgeschickt und sie kamen an.

Und wer setzt nicht spontan und elementar all seine Angriffs- und Verführungssignale ein – deutlich gezeigte Aktivität und Bewunderung –, wenn er auf jemanden trifft, den er toll findet.

Im Zustand der Verliebtheit und Begierde und im Zustand witternder Eifersucht erraten Sie instinktiv die Körpersignale, die Sie sonst nicht bemerken würden. Nur befinden wir uns leider oder glücklicherweise recht selten im Leben in diesem Ausnahmezustand.

Es gibt eine weitere Gruppe von Leuten, bei denen Sie alle Körpersignale wahrnehmen: Schauspieler. »Schade«, sagt die Darstellerin der Baronin im Fernsehkrimi, »in der Kassette waren nur ein paar wertlose Ringe und billige Ketten.« Dabei blickt sie lächelnd mit großen Unschuldsaugen. Aber ihre linke Hand zupft gedankenlos am linken Ohrläppchen. Und wir sagen: »Aha! Die lügt! Die hat es faustdick hinter den Ohren! Natürlich war da was Wertvolles drin ... Vielleicht sogar die verschwundenen Brillantohrgehänge!«

Hier werden die Körpersprache und ihre Signale *bewußt* vom Schauspieler und Regisseur verwendet, um uns, den Zuschauern, etwas zu verdeutlichen. Der Eindruck, den die Baronin machen will, ist falsch und wir sollen *sehen*, daß sie lügt. Der Schauspieler macht also deutliche Gesten und

Gebärden, um etwas Bestimmtes zu zeigen. Er »stellt es aus«. Bei uns Alltagsmenschen verraten Gesten und Gebärden die Gedanken und Gefühle, die wir *unterdrücken* – nur daß wir es *nicht wollen.* Das geht dem Schauspieler im Privatleben genauso, aber als Kunstmittel handhabt er seine Körpersprache bewußt.

Geheime Gedanken und Gefühle bei anderen zu sehen und zu entdecken, scheint den meisten Leuten großes Vergnügen zu machen, sonst wären Krimis nicht so beliebt.

> Wie wäre es, wenn Sie diesen Spaß, den Ihnen Schauspieler mit ihrer Kunst bereiten, zu einer Schulung für Ihren persönlichen Erfolg machten und lernten Ihre Umwelt zu beobachten?

Körpersprache lernt man am besten durch Beobachten der anderen. Wo? Überall! In Bahn und Bus, Restaurant und Campingplatz, Supermarkt, Büro oder Schule. Beim Fernsehen, bei Bundestagsdebatten, Talk-Shows und Live-Interviews.

Sie alle haben schon Ansätze dazu gemacht. Oh ja, zum Beispiel im Urlaub, im Hotel oder am Strand. Da sitzt schräg gegenüber am Tisch ein Ehepaar, beide essen so langsam und mit so abgezirkelten Bewegungen, daß Sie sie in Gedanken »Die Zelebrierer« nennen. Sie wissen ja keinen Namen. Oder die Dicke, die jedesmal zu ihrem Mann sagt: »Guck ... da ist ...«, »Guck, wie schön ...«, die heißt bei Ihnen bald »Frau Guck«.

Ein bestimmtes, überdeutliches Zeichen hat ein Signal gesetzt: Die betont gemessenen Gesten beim Essen – die »zelebrieren«.

Der besonders helle Quietschton des »Guck« hat Ihr Ohr getroffen. Das machen alle Leute so. Sie wären verblüfft, wenn Sie wüßten, wie *Sie* in einer Reisegesellschaft, in einem Hotelfrühstücksraum genannt werden!

> Wenn Sie gezielt die Signale der Körpersprache bei anderen Menschen sehen und erkennen lernen, werden Sie mit der Zeit auf Ihre eigenen aufmerksam!

Plötzlich ertappen Sie sich dabei, daß Sie im Gespräch dauernd mit dem Fuß wippen, mit den Fingern auf die Stuhllehne trommeln, während Sie »Das ist ja hochinteressant« sagen. *Sie* wissen, daß Sie ungeduldig sind und weg wollen – aber Sie wissen nicht, daß der andere Ihre Signale als negativ aufnimmt, ohne daß Sie es beabsichtigen. Oder Sie versichern gerade Ihrem Gegenüber, daß sein Rauchen Sie überhaupt nicht stört – und auf einmal merken Sie, daß Sie sich mehrmals geräuspert haben, Ihren Stuhl etwas weiter wegschieben, sich abwenden, und beim Reden die Rauchschwaden mit der rechten Hand zum anderen hinüberwedeln. Würde Ihr Gegenüber Ihre Körpersprache verstehen, müßte er sein Rauchen einstellen, weil Sie ihm – ohne es zu wollen! – signalisiert haben: »Nein, ich hab das nicht so gern, es kratzt im Hals« (Räuspern), »ich distanziere mich« (Stuhl wegschieben), »atme deinen Dreck alleine!« (Rauchwolke zurückwedeln).

Nun kommt ein Einwand, den die meisten machen.

»Ob sich nun jemand räuspert oder nicht, ob er mit den Fingern trommelt oder seinen Stuhl zurückschiebt – das brauche ich gar nicht zu analysieren! Ich fühle sofort, daß der andere etwas nicht mag oder sich über mich ärgert, ich habe einen untrüglichen Instinkt.«

Sie sind zu beneiden! Dann reagieren Sie immer richtig, ärgern sich nicht über eigene Fehler und immer wiederkehrende Stolpersteine. Sie müßten eigentlich viel Erfolg haben, denn Sie treten nicht ahnungslos ins Fettnäpfchen.

Die weitaus größere Gruppe aber sagt: »Ich weiß nicht, wieso... ich hatte die ganze Zeit bloß so ein komisches Gefühl, als ob irgendwas schiefläuft... aber was?«

Und hier wollen wir einhaken!

Sie können Ihr Auge schulen, um die kleinen Zeichen zu sehen. Zuerst bei anderen, dann bei sich selbst. Vergessen Sie bitte nicht die wichtige Binsenweisheit: Was Sie am Gegenüber erkennen, sieht der andere auch bei Ihnen!

Der Mensch, mit dem Sie verhandeln, beißt sich bei der Schilderung seines beruflichen Werdegangs dauernd auf die Lippen, um sie dann wieder schnell zu befeuchten. Was meinen Sie, was in ihm vorgeht?

»Soll ich das jetzt erwähnen...? Nein, lieber nicht... Aber das muß ich doch... nein, das auf keinen Fall. Ja, das ist gut... das verschweige ich lieber...« Da Sie das wissen, werden Sie in einer ähnlichen Situation ganz bestimmt nicht auf den Lippen herumbeißen und damit verraten, daß Sie »die Zunge im Zaume« halten müssen. Meinen Sie nicht, daß das *Ihre* Verhandlungen erfolgreicher machen wird?

Wenn Sie jedoch ein Mensch sind, der sich nie auf die Lippen beißt – halten Sie vielleicht beim Erzählen öfter die Hand vor den Mund, und Ihr Zeigefinger berührt mal die Nase oder streicht über Ihr Kinn? Dann haben Sie sozusagen ein Fingergitter vor den Mund gelegt, damit er keine unbedachten Äußerungen herausläßt, und Sie regen mit dem Streicheln der Finger Ihre Konzentration an. Sie wirken auf Ihr Gegenüber sehr vorsichtig, nachdenklich und konzentriert, wenn Sie diese Gesten ausführen.

Das Erkennen der Signale, die wir aussenden, die Deutung einzelner Gesten und Gebärden ist an und für sich nicht so schwer. Es gibt einen Faktor, der die Sache etwas komplizierter macht. Wenn ich Ihnen folgendes Beispiel gebe, werden Sie wissen, was ich meine.

Ihr Bruder – nehmen wir an – hat die Angewohnheit, bei Besuchen zuerst eine gewisse Hektik zu verbreiten. Er springt dauernd auf, holt Gläser und Teller, fragt zweimal dasselbe, geht mitten im Gespräch in die Küche, um neue Flaschen zu holen. Das gibt sich nach einer Stunde. Dann wird er ganz gemütlich und ruhiger.

Seine Art von »Besuchsangst« äußert sich so; alle wissen das und keiner regt sich darüber auf. Ein Fremder, der das erste Mal zu Gast ist, wird mit Befremden die Hektik und Überaktivität bei einem sonst recht jovialen, ausgeglichenen Menschen feststellen und denken: »Was ist denn mit dem los!«

Wichtig ist also die Entscheidung, ob etwas nur ein momentaner *Zustand* ist. Ob der Mensch, mit dem wir es zu tun haben, immer nervös, hektisch und unkonzentriert ist, oder ob er es nur heute ist. Ist er *immer* so, dann kommt allen Gesten und Gebärden natürlich viel geringere Bedeutung zu. Ist er nur *heute* so, dann hat sein Verhalten doppelte Signalwirkung.

Dies ist nun in der Familie, im Freundeskreis, in der vertrauten beruflichen Umgebung einigermaßen gut zu erkennen, doch bei fremden Menschen müssen wir schon unsere Augen schulen, um die Körpersprache und ihre Botschaften zu deuten.

> Innere Unsicherheit und Ängste lassen uns Signale der Übersteigerung aussenden. Man verstärkt seine Eigenschaften bis zur negativen Übertreibung.
> Oder:
> Innere Unsicherheit und Ängste verdecken unsere Anlagen, wir untertreiben und verwässern unsere Eigenschaften und verkleinern uns negativ.

Wie sehen wir nun bei anderen die Unsicherheiten, die sich in Unter- oder Übertreibung äußern können?

Was können wir dagegen tun, wenn wir uns immer wieder darüber ärgern, daß wir so und nicht so reagieren, obwohl wir wissen, daß es ins Auge geht?

Was können wir tun, um diese Fehler zu vermeiden – zu versuchen sie zu vermeiden?

Dieses Buch soll Ihnen dabei helfen:
andere genau zu beobachten
dieses Verhalten bei sich selbst wiederzuerkennen
den anderen zu durchschauen
das eigene Verhalten zu verbessern.
Und obendrein macht Körpersprache auch noch großen Spaß!

Der erste Eindruck

Die Reisegruppe

1. In der Hotelhalle

In einer Reisegruppe kommen zwölf verschiedene Personen zusammen. Da schälen sich bei den verschiedensten Anlässen recht unterschiedliche Reaktionen heraus. Wir wollen das Verhalten dieser zwölf Menschen in Situationen beobachten, die wir alle kennen, und die sehr viel vom Charakter verraten. Sicher werden Sie in den verschiedenen Typen alte Bekannte entdecken. Vielleicht erkennen Sie sich sogar selbst wieder. Das wäre besonders günstig.

Am schwarzen Brett an der Rezeption des Hotels hängt ein deutliches Schild »Europareisen – Paris-Gruppe: Treffpunkt und Begrüßung 17 Uhr in der Hotelhalle.«

Der Reiseleiter der Gruppe spricht mit dem Manager des Hotels. Über dessen Schulter wirft er Blicke in die Hotelhalle. Er will sich einen ersten Eindruck von den 12 Gästen seiner Gruppe machen.

16 Uhr 45. – Noch niemand da. Oder gehört die Dame schon zur Gruppe, die hinten an der Wand der Halle steht, halb hinter einer Palme verborgen? Die Füße stehen eng zusammen, die Arme liegen dicht am Körper. Sie betrachtet prüfend die Einrichtungsgegenstände, vergleicht die Möbel der Hotelhalle mit den Abbildungen im Prospekt, hakt da und dort etwas ab, oder sie schüttelt den Kopf. Sie wirkt kritisch und zurückhaltend.

Wer gibt hier den Ton an, und wie ist die Reaktion?

»Das ist eine *Zuverlässige*«, denkt der Reiseleiter.

Jetzt kommt eine Dame mit Schwung aus der Drehtür, die Stiefel klappern nachdrücklich, sie durcheilt zielstrebig und mit großen Schritten die Halle, bleibt stehen, macht kehrt, durchquert noch mal den Raum. »Na sowas!« Da sieht sie die Uhr – 16 Uhr 50. »Deshalb!« sagt sie mit lauter Stimme, läßt sich in den Ecksessel fallen und knallt die Handtasche auf den Tisch. »Aha«, ist der Eindruck des Reiseleiters, »das ist eine *Aktive*!«

Ein joviales, lautes Gelächter kommt aus der Richtung des Aufzugs. Ein Herr segelt mit schnellen Schritten und weiten, rudernden Armbewegungen in die Halle und nötigt die Dame hinter sich ihm zu folgen. Die geht dankbar in seinem Schlepptau mit kleinen Schritten, anmutig, unsicher, sich vor Aufregung verlegen drehend. Kopf und Schultern sind geneigt. So wirkt sie hilflos und schutzbedürftig. Fröhlich lachend reibt sich der Herr die Hände und winkt dem Reiseleiter lebhaft zu. Der denkt: »Ein *Optimist*, und die *Sensible* hat er gleich unter seine Fittiche genommen.«

Ein neuer Gast ist mit eleganten, geschmeidigen Bewegungen zu der Gruppe getreten, lächelt mit kleiner Verneigung nach links und rechts, geht zum Sofa und trommelt mit den Fingern leicht auf der Lehne. »Der will sicher nirgends anstoßen«, denkt der Reiseleiter, »ein *Toleranter*.«

»Wer zu mir darf, bestimme ich!«

Eine Dame mit gebeugtem Nacken nähert sich fast schlurfend mit leisen Schritten bescheiden der Gruppe, so als wolle sie um keinen Preis stören. Sie will sich gerade unauffällig in die Couchecke drücken, als eine auffallende Person hereinschreitet. Alle Blicke wenden sich ihr zu. Sie lächelt und nickt hoheitsvoll in die Runde, wandelt zur Couch und läßt sich mit Grandezza fallen. Links neben ihr ist nun kein

Platz mehr, und die Schüchterne in der Ecke wird noch unscheinbarer. »Die *Bescheidene* und die *Besondere*«, denkt der Reiseleiter.

Dabei hat er anfangs nicht bemerkt, daß ein neuer Besucher schnell und bestimmt mit ruhigen Bewegungen drei Stühle zusammenrückt, mit einem Blick sieht, daß ein Aschenbecher fehlt, einen hinstellt, auf die Uhr schauend – exakt 17 Uhr – einen Stuhl heranzieht und sich stumm hinsetzt. *»Ein Umsichtiger«*, konstatiert der Reiseleiter.

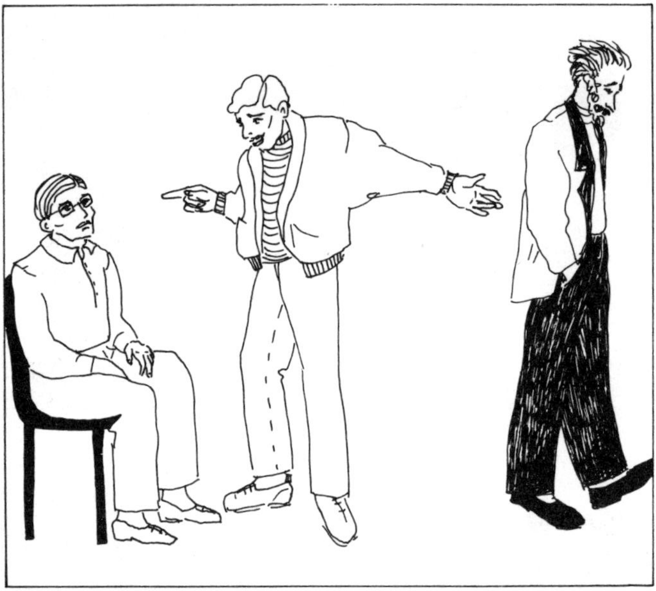

Abwarten ***Anbiedern*** ***Abweisen.***

Mit fahrigen und aufgeregten Gesten schlängelt sich ein Herr durch. »Bin ich hier...?« »Verzeihung, ich... Ist es schon 17 Uhr?« Kopf und Hände gehen hin und her, die Bewegungen sind schnell und nervös. Wo ist er denn jetzt? Ach, hier. Er wieselt sich so durch, dreht sich, redet, ist nicht zu fassen. »Offenbar ein *Vielseitiger*«, ist der Eindruck des Reiseleiters.

Wo kommt denn dieser neue Besucher her? Der muß sich hinten rumgedrückt haben. Er steht abseits, abgewendet, Rücken zur Gruppe, eine Hand in der Tasche, Blick auf den Erdboden, Kopf gesenkt. Die Füße wechseln dauernd unruhig die Stellung. »Einer ist immer der *Individualist*«, denkt der Reiseleiter.

Wer hat die Ruhe weg, wer ist im Streß?

Ein weiterer Teilnehmer ist in die Runde getreten, gewichtig, gelassen, mit ruhigen Bewegungen. Er schaut freundlich und setzt sich mit voller Breitseite uneingeschüchtert auf das Sofa neben die Besondere, nickt allen rundum zu, rechts und links streckt er den Nahestehenden die offene Hand hin, die er fast zerquetscht. »Aha«, sagt sich der Reiseleiter, »ein *Gemütlicher*!«

Und nach einem Blick auf die Dame, die gerade kommt: »Im Gegensatz zu dieser *Zutraulichen*.« Sie hat flackernde kleine Bewegungen, ziellos und fahrig, aber graziös und sensibel. Die Schultern sind zusammengezogen, die Haltung leicht gebeugt. Sie klopft dem einen Nachbarn auf die

Schulter, hält dem anderen ihre Uhr zum Zeitvergleich vor die Nase, schießt plötzlich mit schrillem Quiekser an ihm vorbei, sieht mit erlöstem »Huch« ihre Handtasche auf dem Tisch und greift aufatmend zum Herzen.

Alle sind da. – Der Reiseleiter tritt zu der Gruppe.

Wenn wir einen Raum betreten, machen wir einen *Eindruck*. Der Reiseleiter hat nicht registriert: Alt, jung, groß, klein, dünn, dick – sondern umsichtig, schüchtern, gemütlich oder aktiv.

Dieser Eindruck entsteht durch unser *Verhalten*, unsere *Haltung im Raum*.

Wie nehmen wir einen Raum in Besitz? Haben wir Hemmungen, Ängste zu überwinden? Oder treten wir souverän und selbstverständlich ein?

Woran sehen die anderen, daß man unsicher und nervös ist oder sicher und angstfrei wirkt?

Die Signale, die wir beim »ersten Eindruck« aussenden, verraten ungemein viel von unserem Wesen. Ein großer dicker Mensch kann einen Raum elegant und überlegen beherrschen oder sich unangenehm aufdringlich in den Mittelpunkt stellen. Von einer kleinen zarten Person kann eine dominierende und führende Kraft ausstrahlen, sie kann aber auch so zusammenschrumpfen, daß man sie gar nicht bemerkt. Wenn wir einen Menschen charakterisieren, sagen wir: »Der wirkte so gesammelt und selbstsicher« oder: »Die war ja so laut und aufdringlich«. Erst später sagen wir: »Er war dick, sie war dünn und klein«, oder umgekehrt.

Sicherlich ist Ihnen aufgefallen, daß die Namen, die der Reiseleiter den Ankommenden gab, manchmal etwas negativ gefärbt waren.

Das haben Spitznamen so an sich. Für unsere Körpersprache zeigen diese Spitznamen aber zusätzlich in besonders charakteristischer Weise auf, wo die Schwächen der einzelnen Personen liegen könnten, und damit oft die Ursachen ihrer Fehler und Unsicherheiten, die oft Eigenblockaden für den Erfolg bilden.

Zwölf verschiedene Typen, denen wir immer wieder begegnen

Die Zuverlässige – die erste der Gruppe – ist eigentlich ein pünktlicher, genauer, unauffälliger und vorsichtiger Mensch. Sie hat also Vorzüge, die man sehr schätzen kann. Minderwertigkeitskomplexe und Unsicherheit können diese Eigenschaften unvorteilhaft übersteigern. Sich verstecken und im Hintergrund halten signalisiert nämlich: »Ich will nicht gleich gesehen werden, sondern erst mal geschützt die anderen beobachten.« Das kann ungesellig wirken, sogar mißtrauisch. Mit dem Kopfschütteln und auf die Uhr schauen nörgelt man sichtbar an den Leuten herum, die noch nicht da sind – und das sind ja alle anderen. Es entsteht der Eindruck: distanziert, kritisch, dünkt sich was Besseres. Oft hat man sich durch diese Haltung gleich den Zugang zu den anderen erschwert. Manche sagen: »Eine Nörglerin!«.

Sie sind nun aber so und machen das immer wieder? Vielleicht möchten Sie es doch mal anders probieren, um nicht sofort so auf die Umwelt wirken? Aber wie?

Mit kleinen Tricks und Hilfen.

Sie gehen das nächste Mal nicht wie immer nach hinten, in die Ecke mit dem Rücken zur Wand. Sie bleiben in der Mitte stehen. Sie wenden sich – mit zwei, drei Metern Abstand – frontal der Gruppe zu. Sehen Sie sich um, nicken Sie auch mal, wenn Ihnen was gefällt. Brust und Blick gelegentlich den anderen zuwenden. Diese Signale wirken freundlich. Damit Sie nicht wie immer die erste sind, schauen Sie sich in der Boutique (oder wo immer) etwas an. Und vergleichen Sie nicht mit dem Prospekt, ob alles stimmt. Das wirkt kritisierend. Übrigens – Sie kommen nicht zu spät, wenn Sie »nur« pünktlich sind! Und man hält Sie auch nicht für aufdringlich, wenn Sie zu der Gruppe gehen. Ihre natürliche Zurückhaltung und Reserve sind viel zu ausgeprägt und nicht so leicht abzuschütteln. Aber der »Nörglerineindruck«, den Sie durch Ihr Verhalten erwecken könnten, weil Sie besonders ängstlich und aufgeregt sind, könnte vermieden werden.

Die Aktive – die zweite der Gruppe – ist eigentlich temperamentvoll und energisch, sie hat Schwung und Selbstbewußtsein. Minderwertigkeitskomplexe und Angst können diese Eigenschaften unvorteilhaft übersteigern. Das laute Besitzergreifen des Raumes kann auf andere wie eine Dampfwalze wirken, die rücksichtslos alles beiseite fegt. Das ungenierte Sprechen mit sich selbst signalisiert »Ich reiche mir zur Unterhaltung, ich brauche niemanden zum Zuhören«. Das Knallen und sich hörbar bemerkbar machen erschreckt – vor allem beim ersten Mal. Es weckt in der Umwelt die Reaktion: »Vorsicht! Bloß nicht mit der anlegen! Da wirst du untergebuttert und bist hinterher gar nicht mehr da!«

Sie sind nun mal so, ärgern sich aber jedesmal über die Reserve, ja die Fluchtversuche, die Sie hervorrufen? Sie möchten es mal anders versuchen. Aber wie?

Sie müssen nicht sofort mit dröhnenden Schritten den ganzen Raum in Besitz nehmen, sondern können etwas langsamer, ruhiger und leiser nicht ganz in die Mitte des Raumes gehen. Damit wird die Angst vor der Lokomotive gar nicht erst geweckt. Sie versuchen nicht alles laut zu kommentieren, als wären Sie allein. Und vielleicht sollten Sie auch nicht das erste Wort ergreifen, sondern erst das fünfte oder sechste? Gerade beim ersten Auftreten. Sie werden dadurch kein völlig anderer Mensch, oder erwecken einen total falschen Eindruck! Sie strahlen noch genug Kraft und Initiative aus. Nur die Zacken und Spitzen, die Sie für die Umwelt ins Aggressive übersteigern können, werden abgeschliffen.

Der Optimist – der dritte in unserer Gruppe – ist eigentlich ein unkomplizierter, positiver Mensch, ausgeglichen, immer gutgelaunt und hilfsbereit. Minderwertigkeitskomplexe, die Ängstlichkeit, von den anderen nicht gemocht zu werden, nicht so nett zu wirken, wie man es möchte, können diese guten Anlagen ungünstig übertreiben.

Immer wieder wird es als Anbiedern, als Aufdringlichkeit und Imponiergehabe eingestuft, ja man bezeichnet Sie sogar als »Zweckoptimisten«. Sie sind nun aber mal so, möchten aber gerne den »richtigen« Eindruck von sich selbst erwecken. Aber wie?

Ihre Angst, daß man Ihnen den Optimisten nicht ansehen könnte, ist völlig unbegründet. Sie brauchen nicht dauernd laut und dröhnend und grundlos zu lachen. Sie vermitteln durch ihre bewegliche Haltung und die vielen Rundumwendungen mit den Armen unbefangene Freundlichkeit und Wohlbehagen. Das ist gar nicht so häufig, und man wird gern davon angesteckt. Darum müssen Sie das Gegenüber nicht dauernd an der Krawatte oder am Ärmel fassen oder an sich drükken. Sie reiben sich die Hände: »Wie hab ich das gemacht!« und hauen dem anderen derb auf die Schulter. Sie prahlen – natürlich ohne es zu merken –, daß Sie der Größte, der Superkerl sind. Aber man hört bestimmt auch dann auf Sie, wenn Sie den anderen nur zunicken oder freundlich zuhören, ohne Ihre Gefälligkeiten aufzudrängen. Nicht nur Schwächere spüren trotzdem sofort Ihre ausgeglichene und positive Natur.

Die Sensible – die vierte unserer Reisegruppe – ist von Natur aus liebenswert passiv und gerne bereit Stärkeren zu folgen und sie zu bewundern. Sie ist keine Kämpfernatur, sondern sucht Wärme und ist anschmiegsam.

Treten Aufregung und ungewohnte Situationen an sie heran, bekommt sie Angstgefühle und Minderwertigkeitskomplexe. Die Bescheidenheit wird unterwürfig, fast träge und hilflos. Sich treibenlassen und verstörte Kopflosigkeit sind die Folgen. Mitleidig oder etwas verächtlich sehen die anderen ihre Verletzbarkeit und bezeichnen sie oft als »Mimose«.

Sie sind so ein Mensch und oft unglücklich darüber? Sie möchten gerne versuchen anders zu wirken. Aber wie?

Sie werden sich das nächste Mal nicht gleich unter die Obhut eines Stärkeren stellen, obwohl es so bequem ist, daß man direkt darauf wartet! Sie sehen sich vorher von der Tür aus an, wo Menschen, die Sie treffen wollen, stehen. Sie gehen gezielt auf die anderen zu und schauen geradeaus – nicht auf Ihre Fußspitzen! Und fragen Sie bitte nicht gleich, ob das denn auch die richtige Gruppe ist und signalisieren damit: »Ich bin ohne euch so hilflos!« Sie hatten sich ja vorher schon draußen auf dem Plan vergewissert.

Sie brauchen nicht gleich zu sprechen, aber schauen Sie die anderen an. Fassen Sie leicht eine Stuhllehne, das gibt Ihnen äußerlich und innerlich einen Halt. Aber bitte nicht hinter der Lehne verstecken, und die Lehne als Schutzschild und Barriere gegen die anderen benutzen! Frei stehen üben! Probieren Sie mit geschlossenen Lippen zu lächeln, dann brauchen Sie nicht »Cheese« zu machen. (Siehe Kapitel »Mimik«.) Schauen Sie nicht auf den Kronleuchter, auch Stuhlbeine sind völlig uninteressant.

Wenn Sie Scheu vor Gesichtern und Blickkontakt haben, üben Sie folgendes: Sie betrachten Dinge oberhalb oder unterhalb der Augenfront. »Schicker Schal, interessante Frisur, die Krawatte ist toll.« Gelegentlich wagen Sie einen Blick in die Augen. Dann werden Sie mit der Zeit leichter aufrecht stehen – und Sie werden bemerken, daß es immer noch Hilflosere oder Ängstlichere gibt als Sie! Keine Angst, man wird Sie nicht für einen Kampfstier halten, wenn Sie so auftreten. Sie strahlen von Natur Bescheidenheit und Zurückhaltung aus. Wenn Sie das ins Negative untertreiben, könnten Sie den Eindruck eines Angsthasen oder Waschlappens erwecken.

Der Tolerante – der fünfte unserer Reisenden – will im Grunde niemandem etwas antun. Man soll ihn nur in Ruhe lassen und ihn nicht fordern. Er haßt Szenen und Auseinandersetzungen, Harmonie ist ihm ein Bedürfnis. Das macht ihn im Zusammenleben sehr angenehm. Wenn er aufgeregt ist oder unsicher, schrumpfen diese guten Eigenschaften. Er wird glatt und nicht greifbar, zu allen neutral, höflich, kalt. Er hat kaum Emotionen und stimmt jeder Meinung zu, aus Angst, es mit jemandem zu verderben. Seine Bewegungen sind fließend, gleichmäßig und unverbindlich. Dann weiß man bis zum Schluß der Reise oft seinen Namen nicht, er interessiert niemanden. Viele sagen: »Ein Konformist«.

Sie sind nun einmal so, würden aber gerne mal den Mut haben aufzufallen, im Mittelpunkt zu stehen, gefordert werden – wie machen Sie das?

Die anderen Leute müssen meistens Spitzen und Stacheln abschleifen, Sie dagegen müssen welche entwikkeln! Wenden Sie sich direkt und betont jemandem zu, den Sie bevorzugen. Sie dürfen auch den Rücken zeigen und sich abrupt abdrehen, wenn Ihnen einer dumm kommt. Sie sollten nicht ohne Reaktion darüber hinweggehen. Sie lassen auch mal den Teller zurückgehen, wenn man Ihnen etwas Falsches bringt. Sie dürfen nachdrücklich mit der Hand auf den Tisch klopfen, oder als erster spontan bei einer Tanznummer klatschen.

Sie ecken damit nicht an, Sie fallen auch nicht aus dem Rahmen. Sie sind in sich so geschmeidig und anpassungsfähig, daß es Sie profiliert, wenn Sie versuchen sich etwas aufzurauhen und in körperlichen – und damit innerlichen – Reaktionen bestimmter zu werden, eine Ansicht zu vertreten. Sie werden dabei in den Augen anderer nie den Eindruck eines auftrumpfenden Fanatikers machen, nur das »Watteweiche« wird vermieden.

Die Bescheidene – unser sechster Gast – ist eigentlich ein demütiger, williger Mensch. Sie nimmt Opfer auf sich und trägt Lasten ergeben und widerspruchslos, oft mit sehr viel Geduld. Man muß das hoch achten. In Ausnahmesituationen und bei Aufregungen flüchtet sie in Minderwertigkeitskomplexe, nicht so vollwertig zu sein wie andere und nicht mithalten zu können. Ihre guten Anlagen schrumpfen negativ zusammen. Andere nützen ihre Schwäche weidlich aus, und sie kommt nicht dagegen an. Natürlich nicht, wenn man so deutlich die mutlos hängenden Schultern zur Schau trägt, die herabgezogenen Mundwinkel, die gefalteten verkrampften Hände, das vorsichtig-leise Auftreten, den ergeben geneigten Kopf. Reden tut man auch kaum, und wenn – leise, stockend mit viel Hüsteln und »Äh's« und »Hm's«. Es entsteht der Eindruck: Armer geprügelter Hund, mit der kann man's ja machen. Die Leidensmiene ist ja so deprimierend und sie wird zu einer »Dulderin«.

Sie würden gerne auch mal einen selbstbewußteren und positiveren Eindruck machen? Aber wie? Greifen Sie zu kleinen Listen und Stützen. Ihnen fällt es besonders schwer Sicherheit zu zeigen, die Sie nicht trainiert haben.

Das nächste Mal drücken Sie sich nicht an eine Couchlehne, Sie setzen sich in einen der Sessel! Sie dürfen daher ruhig etwas früher kommen, – und da bleiben Sie sitzen! Es sind immer genug andere da, um einer alten Dame Platz zu machen. Sie müssen nicht gleich wieder das Kreuz auf sich nehmen. Lehnen Sie sich einfach zurück, legen sie Mappe oder Tasche auf den Tisch – Sie *wollen* etwas Platz beanspruchen. Sie seufzen auch nicht vor sich hin und legen die Hände ergeben gefaltet in den Schoß. Sie schauen als Sitzende hinauf zu den Stehenden, dadurch heben Sie den Kopf und starren nicht auf die Füße! Zumindest der erste Eindruck wird nicht der einer Dulderin sein. Und man wird Sie bestimmt nicht für anspruchsvoll und überheblich halten, Ihre natürliche Zurückhaltung und Bescheidenheit lassen das gar nicht zu. Nur dürfen Sie beides nicht zur Selbstaufgabe untertreiben!

Die Besondere – Reisegast Nummer sieben – ist eigentlich ein Mensch mit enormen Selbstwertgefühl, Mut und großer Gelassenheit. Sie ist gewohnt im Mittelpunkt zu stehen, weil sie sich als Mittelpunkt wohl fühlt. Und sie ist auch immer einer – was für eine schöne Gabe! Aber auch diese Menschen haben Befangenheiten, Ängste, Nervosität, und dann übersteigert sich der robuste Selbstwert in betonte Aufgesetztheit und lautes »Bahn frei, jetzt komme ich«-Gebahren. Das macht auf viele den Eindruck von Arroganz, Überheblichkeit und Eitelkeit, ja Dummheit. »Die Primadonna – immer unterm Kronleuchter!« spotten die anderen. Sie kennen das? Es passiert Ihnen immer wieder und Sie denken, daß Sie damit Ihre Unsicherheit überdecken? Sie würden es gern abstellen, aber wie?

Bei der nächsten Zusammenkunft gehen *Sie* nicht sofort in den Mittelpunkt und belegen die schönste Sitzfläche. Auch wenn Sie etwas außerhalb stehen bleiben – Sie fallen auf! Und wenn Sie doch »thronen« – bieten Sie den Platz neben sich an, und nicht nur einem neuen »Flirtobjekt«. Vielleicht versuchen Sie mal, sich innerlich schlanker zu machen und deutlich zu zeigen, daß Sie auch anderen Ihr Interesse zuwenden. Ihre Dominanz, Ihr Mittelpunktsbedürfnis wirken dadurch auf die Umwelt nicht als »königlicher Primadonna-Anspruch«, sondern Ihre natürliche Selbstsicherheit macht einen ermutigenden und haltgebenden Eindruck, wenn die Auswüchse der Geltungssucht etwas gekappt werden. Übrigens – der Primadonnen- oder

der Salonlöwentyp werden von vielen so sehr beneidet, daß bei ihnen am seltensten eine Unzufriedenhit mit sich selbst aufkommt.

Der Umsichtige – der achte Reisegast – ist wirklich ein tatkräftiger, resoluter, praktischer Mensch, der aus dem Funktionieren unseres Zusammenlebens nicht wegzudenken ist. Weil er aber bei ungewohnten Situationen, Unsicherheit oder Ängstlichkeit allen unbedingt zeigen will, daß er der einzige ist, der für Ordnung sorgt, übersteigert er seine Tüchtigkeit, so daß sie penetrant, ja besserwisserisch wirken kann. Er bekommt schnell etwas von einem »Aufdringlichen«. Natürlich nutzen das die anderen aus: »Der Idiot schleppt ja immer die Stühle und trägt allen die Koffer!« Das ärgert Sie! Sie wollen, daß auch andere das mal machen. Aber wie?

Keine Sorge! Wenn Sie es nicht tun, wird sich jemand anderes finden! Aber Sie biedern sich leicht mit Ihrer Umsichtigkeit an, ja drängen sich auf, weil Sie so gern nützlich sein wollen. Also, holen Sie das nächste Mal keinen Aschenbecher – es ist nicht Ihre Asche. Nach einer Weile werden die anderen selbst ihre Stühle holen, und Sie helfen nur da, wo wirklich jemand gebraucht wird. Bieten Sie Ihre Dienste nicht sofort an – im Grunde tun Sie es doch nur, weil alle sagen sollen: »Ach, wenn Sie nicht wären...!« Und Sie sagen dann »Na, einer muß es ja machen!« Und das kann auf andere penetrant oder selbstgefällig wirken. Keine Sorge! Sie strahlen soviel praktische Tüchtigkeit aus, man wird sich immer an Sie wenden! Und Sie haben dann den anderen Ihre Unentbehrlichkeit nicht so überdeutlich aufgedrängt.

Der Vielseitige – unsere Nummer 9 der Reisegruppe – ist eigentlich ein beweglicher, aufgeschlossener und interessierter Mensch, hört und sieht alles und ist gerne überall. Man braucht ihn immer wieder als Kontaktperson und heiteren Vermittler. Doch bei Aufregung, Überforderung oder Schwierigkeiten gehen vor Angst die Nerven mit ihm durch, er verhuscht und verzappelt alles, vergißt und verlegt Dinge und die vielseitige Beweglichkeit verflacht zu nervöser Unkonzentriertheit, so daß bei anderen der Eindruck eines chaotischen »Nervenbündels« entsteht. Das vermasselt Chancen, man möchte es gerne abstellen oder anders machen. Aber wie?

> Sie müssen versuchen, gerade vor Aufregungen oder Veränderungen mit der Uhr zu leben. Es wird Sie schon ruhiger machen, wenn Sie reichlich vor der verabredeten Zeit am vereinbarten Ort sind. Das schaffen Sie nie? Doch! Sonst flattern Sie von Anfang an! Genügend Zeit gibt Ihnen die Sicherheit und eine Atempause, die Sie notwendig brauchen, im echten und übertragenen Sinn. Damit treten Sie unbefangener und fröhlicher auf. Sie müssen auch nicht gleich alle begrüßen, sich vorstellen, entschuldigen oder kontakten. Man macht damit leicht den Eindruck von unkonzentriertem Geplapper. Bleiben Sie mal etwas am Rand der Gruppe, und nehmen Sie sich Zeit, beim Begrüßen den Partner bewußt zu registrieren, den Namen zu wiederholen, auf Langsamgang zu schalten. Dauerndes Drehen des Oberkörpers, in den Haaren wühlen oder den Partner anfassen wirkt auf viele hektisch und fahrig. Versuchen Sie die Arme enger am Körper zu halten, nicht von einem Fuß auf den anderen zu zappeln. Fixieren Sie Ihren Blick am besten in die Augen des Partners. Keine Sorge! In Ihren Reaktionen und in Ihrer Zuwendung haben Sie soviel Beweglichkeit und Charm, daß keiner Sie – trotz Bremse! – für einen Langeweiler hält.

Der Individualist – das zehnte Mitglied unserer Reisegruppe – ist gern allein und – er ist eigenwillig. Er hat eine eigene Meinung, und das wird von vielen Leuten sehr geschätzt und anerkannt. In fremder Umgebung wird er wie fast jeder von uns unsicher, ängstlich, die Minderwertigkeitskomplexe übersteigern die positive Eigenwilligkeit zu Absonderlichkeit und Schrullen. Das Alleinseinkönnen wird zu aggressiver Abwehr gegen andere, und bei durchaus nichtigen Anlässen kann man einen befremdlichen, ja lächerlichen Eindruck erwecken. Man schneidet diesen »Schwierigen«. Die Isolation will er aber gar nicht, leidet darunter und möchte manchmal doch gern dabei – und kein »Außenseiter« sein. Wie macht man das?

Versuchen Sie mal, sich nicht sofort abzusondern und gleich die Signale auszusenden »Wehe, wer mich anspricht!« Vielleicht »machen« Sie ein bißchen mit den anderen mit, gehen an den Rand der Gruppe, stellen sich einem oder zwei Nachbarn vor. Hören Sie zu, und nicht ostentativ weg, wenn der Reiseleiter spricht, und suchen Sie sich dabei zwei Leute aus, die Ihnen zusagen, um mit ihnen eventuell ins Gespräch zu kommen. Wenn Sie – wie viele »Außenseiter« – etwas Humor oder Witz haben, können Sie auch diese Dinge von der komischen Seite sehen. Seien Sie unbesorgt: Man sieht Ihnen den Individualisten noch aus der Zimmerecke an und wird Sie nicht für einen Anbiederer halten. Sie strecken doch meist einen Fuß weit vor und halten damit auf Distanz. Nacken und Kopf lehnen häufig etwas seitlich geneigt zurück und drücken Skepsis aus. Die Arme liegen ziemlich eng am Körper an und Ihre Blicke halten den Partner nicht fest – das reicht als Schutzwall. Aber die ostentative Abwehr durch Wegdrehen, nicht Zuhören, Wegsehen, gelangweilt und ungeduldig zum Himmel Blicken, dies alles, was den Eindruck von Nichtachtung und Feindseligkeit erwekken könnte, wird abgeschliffen. Sie wirken interessant, aber nicht überspannt.

Der Gemütliche – der vorletzte unserer Reisegruppe – ist ein freundlicher Mensch. Seinen Frieden soll man ihm lassen, dann ist er reizend, umgänglich, unerschütterlich. Also ein Ruhepunkt für andere, eine Wohltat, Geborgenheit. Wird er in ungewohnte Aufregung und Streß versetzt, reagiert er unsicher und kriegt Komplexe.

Die schöne Ruhe erstarrt zu bockiger Unbewegtheit – um sich durchzusetzen, meint er auf stur schalten zu müssen. So wirkt er massig, schwerfällig, manchmal klobig. Die guten Anlagen werden auf Sparflamme herabgemindert. Ja, man sagt sogar: »Der Dickfellige«.

Er will das oft gar nicht, doch immer wieder passiert ihm das. Wie könnte er das ändern?

> Sie sollten sich nicht sofort nachdrücklich hinsetzen und dann nicht mehr von der Stelle rücken. Es will Ihnen niemand den Platz streitig machen! Und die kraftvollen, schmerzenden Händedrücke nach links und rechts markieren im Grunde nur: »Hier sitze ich! Haltet Abstand, dann tu ich euch nichts.« Vielleicht schlendern Sie nächstens durch die Gruppe, ohne gleich Ihr Revier zu markieren. Sie kriegen es – garantiert! Man schart sich gerne um einen jovialen Menschen. Durch Beweglichkeit und Zuwendung rundherum wird die Festigkeit aufgelockert, die ruhigen runden Bewegungen erwecken Vertrauen. Eigensinniges Markieren des Platzes, breitgespreizte Beine und Arme, die die Stuhllehnen umklammern, machen den Eindruck von Halsstarrigkeit und Ungeistigkeit. Die Massigkeit und Überbetonung von Gewicht und festem Standpunkt wird durch Beweglichkeit in der Haltung und gelegentliche große, ruhige Gesten lockerer. – Keine Sorge! Keiner kommt bei Ihnen auf den Gedanken: »Mit dem kann ich Schlitten fahren!« Viel eher denkt man: »Ach, bei dem fühlt man sich gemütlich und wohl!«

Die Zutrauliche – unser letzter Gast – ist ihrer Natur nach sehr kontaktfreudig, recht ungeniert und anhänglich. Die leichte Art, die meist fröhliche Laune wirken anregend und unterhaltsam. Bei Aufregung und ungewohnten Situationen übersteigern Minderwertigkeitskomplexe und Angst diese beneidenswerten Eigenschaften zu hektischer Betriebsamkeit, zum Ranschmeißen an Leute, zum ihnen »auf die Pelle rücken«, sie mit Beschlag belegen. Aber dauerndes Anfassen, mit den Händen auf das Gegenüber einfuchteln, hautnah rankommen, anatmen – das sind für viele Menschen Belästigungen, und sie versuchen verärgert Distanz und Abstand zu gewinnen. Sie wollen die anderen nicht vereinnahmen, aber man bezeichnet sie trotzdem als »zudringlich«. Was geht da schief?

Sie müssen lernen, die Distanzzone zum anderen zu vergrößern! Sie beengen ihn. Halten Sie rein äußerlich einen Schritt mehr Abstand, verschränken Sie die Hände oder stecken Sie sie in die Taschen. Das sind Eselsbrücken, aber damit unterlassen Sie die dauernden fahrigen Bewegungen. Rücken Sie auch beim Reden nicht näher ans Gesicht und hauchen Sie dabei den anderen nicht an. Das gelingt, wenn Sie Oberkörper und Kopf sehr gerade halten, ja sogar zurückbiegen. – Nein, man wird Sie nicht für einen steifen, ungeselligen Typ halten! Beweglichkeit, Leichtigkeit und Zuwendung zum Partner sind bei Ihnen so deutlich sichtbar, daß man Sie auch ohne allzu nahen Körperkontakt als angenehm und anregend empfinden wird.

Unser persönlicher Raum

Die Haltung

Wenn wir einen Raum betreten, machen wir auf die anderen einen *Eindruck*:

durch unsere Haltung
wie wir uns in einen Raum einordnen
ob wir angenehm oder unangenehm
in diesem Raum auffallen

Je mittelpunktbetonter wir in einen Raum treten, um so selbstbewußter, anspruchsvoller und angstfreier wirken wir. Wird dies aber übersteigert, signalisieren wir Angabe, Arroganz, Eitelkeit und Selbstgefälligkeit. Wir übersteigern:

weil wir aufgeregt sind
weil wir besonders gut gefallen wollen
weil wir die anderen überschätzen
weil wir unsere Komplexe überspielen wollen

Je unauffälliger wir in einen Raum treten und im Hintergrund, in Ecken oder an Säulen stehenbleiben, um so bescheidener, abwartender und rücksichtsvoller wirken wir. Wird dies aber betont, signalisieren wir Ängstlichkeit, Hemmungen, Minderwertigkeitsgefühle und Ablehnung der anderen. Wir untertreiben:

weil wir aufgeregt sind
weil wir nicht auffallen wollen
weil wir Angst haben und es nicht zeigen wollen
weil wir meinen, die anderen können doch alles besser

Wer sich bei der negativen Überzeichnung eher in der ersten Gruppe sieht, sollte versuchen, sich räumlich etwas »dünner« zu machen. Am besten beginnt man, sich an einen Halt zu lehnen. (Säule, Wand)

Wer sich eher in der negativen Überzeichnung in der zweiten Gruppe wiedererkennt, sollte versuchen, sich etwas offener und deutlicher in den Mittelpunkt zu stellen. Am besten beginnt man damit, den schützenden Halt von Ecke und Wand zu verlassen und – anfangs noch am Rande eines Raumes – frei zu stehen.

Die vier Distanzzonen

Unsere Distanz oder Entfernung zu anderen Menschen beruht auf einem Raumanspruch, den wir alle haben.

Tiere grenzen ihre Reviere durch Duftmarkierungen ab, durch Losung oder wie die Vögel durch Gesang. Wir tun das gleiche mit Möbeln, Gegenständen, persönlichem Arrangement: Meine Wohnung sieht so aus und nicht anders, mein Zimmer ist nach meinem Geschmack eingerichtet, mein Schreibtisch hat alles an Zubehör, was nur ich benötige, mein Bett ist so mit Decken und Kissen angefüllt, wie ich es am liebsten habe.

Ebenso schaffen wir bei der Begegnung mit anderen Menschen eine Distanz oder Entfernung. Probieren Sie es einfach aus: Stützen Sie die Ellenbogen in die Seite und ziehen Sie mit den ausgestreckten Unterarmen einen Kreis um sich. Diese 40–50 Zentimeter sind Ihre Intimzone, Ihr *Ich-Bereich*.

In dieses Revier lassen wir nur Menschen, die wir lieben und denen wir vertrauen: bei Umarmungen, innigen Begrüßungen, Austausch von Zärtlichkeiten. Bei einer normalen Begrüßung streckt jeder seine Hand ein wenig über diesen Ich-Bereich hinaus. Und genau in der Mitte – einer Art Niemandsland – treffen sich beide Hände zum Gruß in der neutralen Zone. Wir sind aus unserem Ich-Bereich herausgetreten.

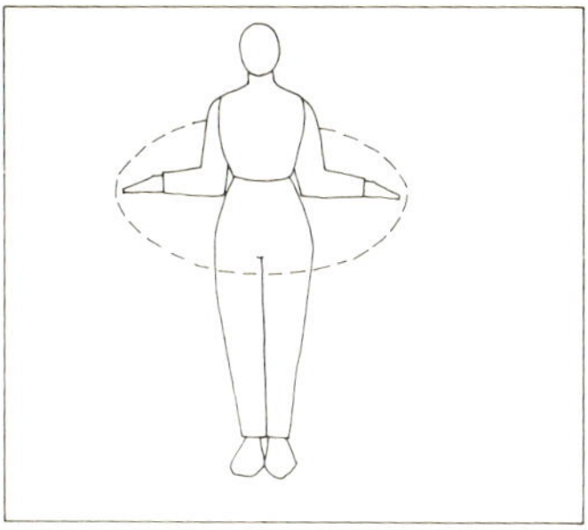

Ich-Bereich

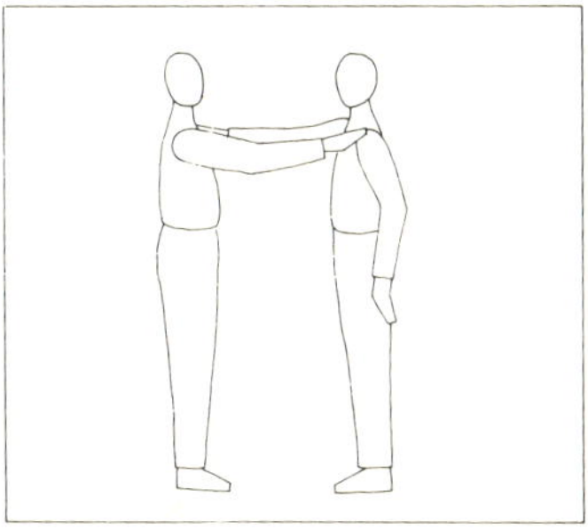

Du-Bereich

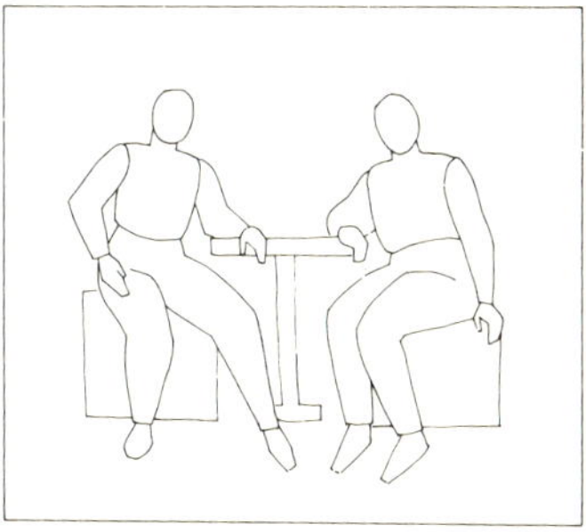

Sozial-Bereich

Nun strecken Sie bitte den Arm gerade aus, und denken Sie sich ein Gegenüber, dessen Schulter Sie berühren. Diese Spanne beträgt etwa 60–70 Zentimeter. Rechnen Sie für den Körper des Visavis ca. 30 Zentimeter hinzu, dann haben Sie unseren *Du-Bereich*, unsere Du-Zone. Sie beträgt etwa einen Meter. Das ist die Entfernung bei unseren Begegnungen, Gesprächen, Unterhaltungen. Das ist Annäherung und Auseinandersetzung. Meist stehen wir uns dabei frontal in direkter Haltung gegenüber.

Die dritte Zone oder Distanz oder Entfernung ist der *Sozial-Bereich*. Der Tisch, um den wir uns gruppieren, die Couch-Sitzecke, aber auch der Schreibtisch, der zwei Menschen trennt: Arzt und Patient, Bürger und Beamter, Chef und Sekretärin. Es ist auch die Theke mit Wirt und Gast, mit Verkäufer und Kaufendem. Bemessen Sie diesen Raum, dieses Revier, diese Zone, diesen Sozial-Bereich mit 1,50 bis zwei Meter.

Dann haben wir noch den *Raum-Bereich*. Man kann etwa Zimmergröße annehmen. Als Faustregel gilt: Solange man die Gesichtszüge der anderen genau sehen kann, solange man sie mühelos versteht und wahrnimmt, ist man mit ihnen in einem Raum. Darunter fallen alle Arbeitsbereiche dieser Größe: Büro, Geschäft, Werkstatt, Wohnung, Kneipe.

Was darüber hinausgeht, verliert sich im Anonymen und schafft den direkten Kontakt mit dem einzelnen nicht mehr: Aula, Hörsaal, Bühne, Öffentlichkeit.

Wenn wir mit Menschen in Kontakt treten, bestimmen wir unsere Distanz-Bereiche.

> Je näher man an den anderen rückt, je geringer die Entfernung, um so weniger Bedürfnis hat man nach eigenem Raumanspruch. Ich- und Du-Bereich schrumpfen. Das macht einen offenen, furchtlosen, zutraulichen, emotionsbereiten Eindruck.
>
> Wird dies übersteigert und übertrieben, rückt man den anderen zu dicht auf die Pelle, *reagiert man nicht auf die Distanzsignale des Partners,* wird dieses Verhalten

als Zudringlichkeit, Einvernahme, Aggression, Unsensibilität oder Frechheit empfunden.

Je weniger man den engen Kontakt sucht, je weiter man den Abstand wählt, um so stärker ist das Bedürfnis nach Reserve, der Respekt vor dem anderen, die Wahrung der Form und die Betonung der eigenen Persönlichkeit. Man gibt dem Partner und sich mehr Freiraum.

Wird dies forciert und überbetont in räumlich besonders weite Distanz, *reagiert man nicht auf Zuwendungssignale des Partners,* wird dieses Verhalten als Ablehnung, Starre, Kälte, Mißtrauen und Feindseligkeit empfunden.

Wer eher zur *ersten Gruppe* neigt, sollte sich die Distanzzonen gut einprägen, und sie auch bei banalen Anlässen (im Geschäft, am Schalter, bei formlosen Begrüßungen) einhalten. Sie werden staunen: Ihre Bereiche sind immer kürzer, kleiner und enger als angegeben! Wenn Sie dem anderen mehr Freiraum geben, wird es sehr oft als angenehm empfunden, und Sie büßen dabei nichts von Ihrer Spontanität ein.

Wer eher zur *zweiten Gruppe* neigt, sollte versuchen, bei ihm vertrauten und befreundeten Menschen ruhig etwas näher zu rücken, auch eine leichte Umarmung, bewußteres und längeres Händedrücken und direktes Gegenübertreten üben. Gelegentlich kann man seine Partner im Gespräch anfassen. Sie werden sehen, daß man erfreut und überrascht reagiert, und trotzdem büßen Sie nichts von Ihrer Reserve ein.

Das richtige Einschätzen der anderen, mit einem Blick verschiedene Merkmale erfassen und *wissen, was sie bedeuten,* steigert die eigene Sicherheit ungemein. Wenn Sie bei anderen die Signale der Ängstlichkeit sehen, wird Sie das beruhigen und die eigene Nervosität abbauen. Ja, es wirkt direkt befreiend, wenn Sie merken: »Der ist ja auch aufgeregt, genau wie ich!« *Denn die winzigen Signale der*

Körpersprache, die Sie an den anderen sehen, nimmt man auch bei Ihnen wahr! Was Sie aber bei anderen sehen und deuten können, lernen Sie mit der Zeit auch bei sich selbst in den Griff zu bekommen.

Und diese Sicherheit ist ein Weg zum Erfolg.

Die Differenzierung unserer Mitmenschen

Zwei Grundtypen in der Haltung

1. *Der statische Typ*

Sie kennen alle die Worte: »Ein gestandenes Mannsbild« oder: »Fest auf dem Boden der Tatsachen stehen« oder: »Steht da wie ein Baum« oder: »Mit beiden Beinen fest auf der Erde stehen.«

Damit ist das Hauptkennzeichen dieser Gruppe bereits ausgedrückt. Wir haben zwei Grundtypen in unserer Haltung.

Der statische Typ: Beide Beine stehen leicht gespreizt fest auf der Erde. Die Haltung ist gerade, in sich ruhend, meistens aufrecht. Häufig ist die Brust vorgewölbt. Der Kopf ist angehoben, die Augen begegnen dem anderen in gleicher Höhe. Die Arme hängen locker und ruhig herab, beim Sprechen sind die Gesten sparsam und bleiben meist im Brust-Becken-Raum, wo sie auch großzügig einen Bogen schlagen können.

Diese Haltung wird heute als ideal angesehen, weil sie sehr real, zuverlässig, erdbezogen, bestimmt, ruhig und souverän wirkt. Man glaubt diesem Typ die Autorität und schenkt ihm Vertrauen. Die statische Haltung ist sehr oft verbunden mit dem Image eines Politikers, Pfarrers, Kanzlers, Arztes, Richters oder einer Repräsentationsfigur. Auch Konzerndirektoren oder Maffiabosse stellt man sich so vor.

Im Alltag Müllmänner, Bergführer, Möbelträger, Seeleute, Schwergewichtler, Rausschmeißer, Westernhelden. Natürlich gilt es auch für Frauen in diesen oder ähnlichen Berufen: Oberin, Direktorin, Amme, Opernsängerin, Haushälterin, Apothekerin, Ärztin.

Man kann sehr schnell feststellen, ob jemand zu diesem Grundtyp gehört: Die Partie bis zur Taille (von unten) ist eher statuarisch und stabil. Auch der Oberkörper wird aufrecht und gerade gehalten.

Wie stehen Sie da? Auch mit beiden Beinen fest auf der Erde? Die Signale, die dieser erdhafte Grundtyp aussendet, strahlen Sie also auch aus.

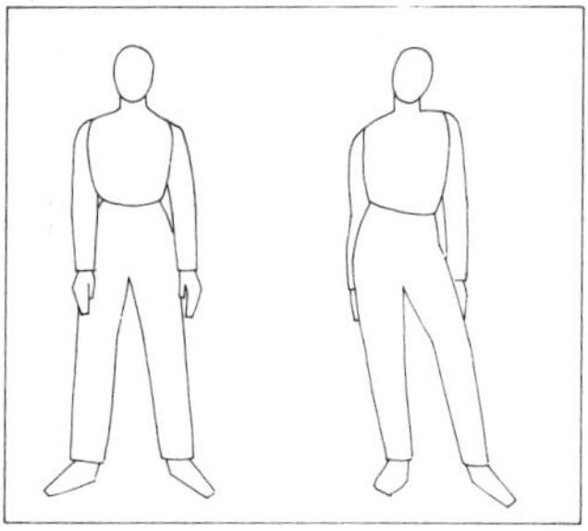

Der statische Typ ***Der bewegliche Typ***

2. *Der bewegliche Typ*

Seit rund zweitausend Jahren geben die Griechen und Römer unserer abendländischen Kultur, Psyche, Moral und Lebensform die bis heute prägenden Impulse. Damals war eine andere Grundhaltung ideal. Sehen Sie sich einmal die Statuen dieser Hochkultur an. Sie drücken Beweglichkeit aus.

Der bewegliche Typ: Das Standbein (rechts) steht fest und trägt die Hauptlast des Körpers. Becken und Schultern neigen sich auf dieser Seite zueinander, sie verengen sich dabei. Das Spielbein (links) ist locker, wie zum Abheben angewinkelt, dadurch dehnt sich die ganze linke Seite und öffnet sich dabei. In häufigem Wechsel verlagert dieser Typ beim Stehen sein Gewicht: Links ist das Standbein und damit die verengte Seite, rechts das Spielbein und damit die offene Seite. Man wechselt also die Stellung. Da seit altersher die linke Seite (Herz) mit dem Unbewußten, dem Gemüts- und Gefühlsmäßigen gleichgesetzt wurde, die rechte Seite dagegen mit dem Bewußten, dem Geist, dem Verstand und der Vernunft, heißt das: der bewegliche Typ steht im dauernden Wechsel dieser Impulse. Er befragt – ohne es zu wissen! – einmal seine emotionalen Eindrücke, und dann wieder seine verstandesmäßigen Urteile.

Die Arme vollführen lockere, kleine, schnelle Bewegungen, das Spiel der Finger ist ausdrucksvoll. Der Kopf und Hals sind beweglich, sie neigen und heben sich.

Diese Haltung spricht für eine ständige innere Bewegtheit und Offenheit für neue Impulse. Man spürt bei diesem Typ Kontaktfähigkeit und man läßt sich von ihm begeistern, zu Gesprächen bringen und für Neues interessieren.

Diese Haltung wird heute eher Frauen zugeschrieben oder Menschen mit starker weiblicher Komponente. (Nicht homosexuell!) Man findet sie in allen künstlerischen Berufen, bei Schauspielern, Tänzern, auch bei Träumern, Dichtern, Abenteurern und bei Managern, Erfindern, Werbeleuten, oft auch unter Vertretern, Verkäufern, Händlern, Geschäftsleuten, Detektiven, in sozialen Berufen, bei Lehrern, Friseuren und bei Modemachern.

> Man kann schnell feststellen, ob jemand zu diesem Grundtyp gehört: beim Stehen Wechsel von Spiel- und Standbein, häufiges Drehen des Kopfes, bewegliche, biegsame Wirbelsäule und sprechende Hände.
> Wie stehen Sie da? Wechseln Sie häufig die Stellung und verlagern Ihr Gewicht? Die Signale, die dieser bewegliche Grundtyp aussendet, strahlen also auch Sie aus.

Aber:

So sind der statische und der bewegliche Typ in ihrem Idealzustand: ausgeglichen – ohne Angst – ohne Druck – ohne Hetze – ohne Komplexe. Kommen ein oder zwei dieser Faktoren hinzu, schlägt das Pendel aus und übertreibt oder übersteigert die vorhandene Grundausstrahlung.

Aus Angst, Zorn, Angabe oder um seine Unsicherheit nicht zu zeigen, erstarrt und verhärtet sich *der statische Typ*. Hervorstechende Anzeichen:

Vorgeschobener Kopf und Hals, bedrohend, oft gerötet = *Wut*.

Der Oberkörper bläht und dehnt sich mit verbreiternden Armen = *Angabe*.

Die Hände ballen sich in den Hosen, den Jackettaschen oder am Gürtel zu Fäusten, dadurch verbreitert sich der Oberkörper massiv = *Bedrohung*.

Der Kopf wird starr eingezogen, die Lippen verengen sich = *Unnachgiebigkeit*.

Das Rückgrat wird steif, die Füße weichen keinen Zentimeter = *Sturheit*.

Die Augen und Ohren sind blind und taub für Argumente = *Uneinsichtigkeit*.

Alles am Körper ist starr und unbewegt, die Finger verkrallen sich, die Stimme wird knapp, leise oder verstummt, oder wird – im Extremfall – unnatürlich laut oder brüllend.

Urteil der Umwelt: Dickfellig, sturer Hund, alter Starrkopf, Scheuklappen vorm Kopf, Betonklotz, sieht rot wie ein Stier.

Wenn Sie das an einem anderen beobachten, stellen Sie gleich fest: Dieser Grundtyp ist nicht mehr souverän und selbstsicher.

Wenn Sie so reagieren, – Sie – leider auch nicht.

Aus Angst, Zorn, Angabe und um seine Unsicherheit nicht zu zeigen, verzappelt und verwässert sich *der bewegliche Typ*. Hervorstechende Anzeichen:

Ständiges Wechseln von einem Bein aufs andere = *Fluchtwunsch*.

Der Oberkörper schnellt ruckartig vor und zurück, abruptes Drehen = *ohne Rückgrat in der Stellungnahme.*

Fahrige, unmotivierte Bewegungen der Arme = *Ziellosigkeit.*

Die Finger spielen mit Gesicht, Haaren, Gegenständen, Zupfen an der Kleidung = *nervöse Unkonzentriertheit.*

Etwas wegbürsten, wegkämmen = *Unangenehmes von sich schieben.*

Rastloses Drehen des Kopfes, grimassierendes Mienenspiel, unstete Augen = *keine Stellung beziehen.*

Ausflüchte, Hüsteln, Versprechen, abgerissene Sätze = *nicht zuhören.*

Urteil der Umwelt: Nervenbündel, Angsthase, unzuverlässig und wachsweich, schwankendes Rohr im Wind, hysterischer Quatscher.

Zwei Grundtypen im Auftreten

Es gibt noch zwei weitere grundsätzliche Unterscheidungen:

1. *Der extrovertierte Typ*
2. *Der introvertierte Typ*

Denken Sie an den *ersten Eindruck,* den wir von jemandem haben. Wer wirkt im ersten Moment auf uns sich öffnend, den Raum in Besitz nehmend, nach außen drängend?

Das ist der extrovertierte Mensch, der nach außen schaut.

Wer wirkt im ersten Moment auf uns in sich ruhend, sich abschließend, auf sich gerichtet?

Das ist der introvertierte Mensch, der nach innen hört.

Also:

Der Mensch, der sich nach außen öffnet, um die Umwelt aufzunehmen. Der Mensch, der sich nach innen öffnet, um in sich hineinzuhören. *Die Gaben auf den Schalen dieser Waage sind ausgewogen und absolut gleichwertig.*

1. *Der extrovertierte Typ*

Der Oberkörper dominiert, die Gesten der Arme sind ausladend. Der Kopf ist erhoben, der Blick direkt, die Stimme laut. Wenn dieser Typ geht oder steht, sieht man eigentlich nie auf die Beine, die oft etwas unsicher und staksig sind.

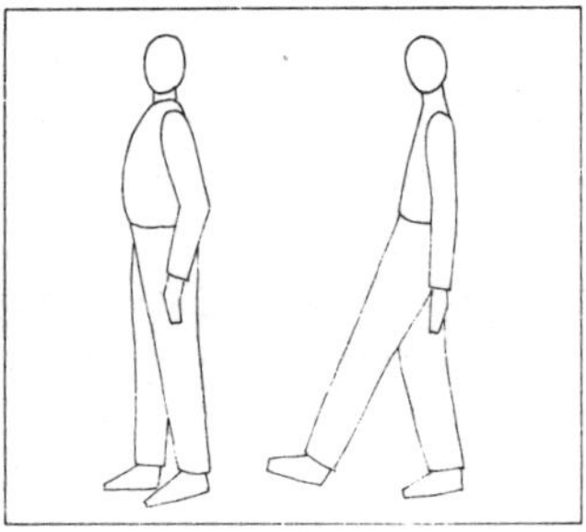

Der extrovertierte Typ ***Der introvertierte Typ***

Diese Menschen wirken souverän und sind vom Verstand und der Vernunft her durchaus ansprechbar. Hinter dem Schreibtisch sind sie besonders selbstsicher, imponierend und jovial, weil man die Beine nicht sieht. Reale Gespräche, praktische Vorschläge finden ein gutes Echo. Instinkt, Feinfühligkeit und Ahnungsvermögen sind weniger ausgeprägt. Beliebte Sätze sind: »Ich mach das schon« und: »Auf mich kann man sich verlassen.«

Aber:

Will der extrovertierte Typ einen besonders guten Eindruck machen, hat er Angst nicht anzukommen, will er seine Bedeutung hervorheben, besteht die Gefahr der Übertreibung.

Oberkörper bläht sich = *Wichtigtuerei, Eitelkeit.*

Große Armbewegung, Faustaufschlagen, drohen = *Aggressivität, Prahlerei.*

Die Stimme wird laut, der andere kommt nicht zu Wort = *Rechthaberei.*

Urteil der Umwelt: Prahlhans, Angeber, Wichtigtuer, Rechthaber, Kraftprotz.

2. *Der introvertierte Typ*

Der introvertierte Typ ist besonders gut beim Gehen zu erkennen. Der Rücken bildet meist eine leichte S-Kurve. Die Beine ziehen vom Becken her unbekümmert und mit großen Schritten nach vorne, das wirkt kraftvoll, mit innerer Motorik. Die Arme hängen locker, schlenkern rum oder stecken in der Tasche. Der Kopf ist meist gesenkt, die Augen sehen zu Boden oder in die Ferne, der direkte Blick wird vermieden. Die Stimme ist eher leise. Pausen, beim Sprechen gutes Zuhören. Dieser Typ spürt mehr als er sieht. Er zieht seine Kraft aus der Mitte, dem Bauch, dem Instinkt, dabei ist er durchaus ansprechbar für Überraschendes, Unübliches – solange man ihn nicht überrumpelt! Er ahnt beim Partner gefühlsmäßig und intuitiv mehr, als der sagt. Sätze wie »Ich werde darüber nachdenken« oder »Ja, wir werden das versuchen« sind typisch für introvertierte Menschen.

Aber:

Hat der introvertierte Mensch eine Aufgabe, die ihn ängstigt, muß er sich bewähren und stellen, besteht die Gefahr der Untertreibung.

Die Beine schleichen und schlurfen = *Laschheit, Unentschlossenheit.*

Der Oberkörper fällt zusammen = *Angst, Feigheit.*

Die Hände verstecken sich in den Taschen = *Verstocktheit, Abwehr.*

Schweigen mit verpreßten Lippen, nuscheln = *Maulfaulheit, miese Laune.*

Urteil der Umwelt: Trübe Tasse, Waschlappen, ohne Saft und Kraft, kein Elan, Schlappschwanz.

Natürlich unterscheiden wir die Menschen nicht nur nach reinen statischen und reinen beweglichen Typen, nicht nach reinen extrovertierten oder introvertierten

Personen. Beides wird sich oft überlappen. Aber die Grundanlagen werden Sie mit etwas Übung schnell erkennen.

Jetzt kommt ein Einwand Ihrerseits:

»Das mag es geben, an der Übertreibung erkennt man die Unsicherheit. Aber bei mir ist es genau umgekehrt! Ich bin normalerweise gesprächig, lebhaft und beweglich. Bei Angst und Versagenskomplexen werde ich ganz starr, unnatürlich ruhig, habe abwesende Blicke und einen gepreßten Mund.«

Oder Sie sagen:

»Normalerweise bin ich ruhig und fest, ein gestandener Typ. Doch in kritischen Momenten werde ich ganz hektisch, renne ziellos rum, fuchtle mit Armen und Beinen und rede pausenlos.«

Das gibt es bei vielen Menschen. Es springt aber derart ins Auge, vor allem, wenn man diese Person »normal« kennt, daß jeder diese Übersteigerung mit Befremden, Erschrecken oder Schadenfreude wahrnimmt. Wenn man diese Person nicht kennt, wirkt dieses Verhalten so »unnatürlich«, daß auch hier ein ungünstiger Eindruck entsteht.

Welcher Typ kommt Ihnen am nächsten? Dann denken Sie bitte an die Negativ-Signale, die Sie eventuell bei Angst aussenden! Die 4 Grundtypen erkennen Sie leicht wieder, wenn Sie Menschen an einer Haltestelle, im Kaufhaus, im Park beachten. Sie werden bei den Vorübergehenden feststellen: extrovertiert-statisch, oder introvertiert-statisch ... Wenn Sie lernen diese Unterschiede zu sehen, werden Sie bei sich selbst einige Unsicherheits-Merkmale abstellen können!

Kehren wir jetzt wieder zu unserer Reisegruppe zurück. Wir haben – mit den Augen des Reiseleiters gesehen – von den zwölf Personen einen ersten Eindruck. Ordnen Sie bitte die Begriffe »statischer und beweglicher Typ« sowie »extrovertiert und introvertiert« den einzelnen Reiseteilnehmern zu. Oder möchten Sie die Zuordnung allein finden? Um so besser.

Zu Ihrer Kontrolle finden Sie hier alle körpersprachlichen Signale und ihre Aussagen zusammengefaßt:

Die Zuverlässige: Sie steht gerade (unbeweglich) im Schutz der Palme, sie geht nicht hin und her. Sparsame Gesten. Mißbilligendes Kopfschütteln, kritisches Vergleichen durch Abhaken im Prospekt: Alles unterstreicht Abwehr und Distanz. Betonte Isolierung.
Statischer Typ — Introvertiert

Die Aktive: Mit geraden und großen Schritten den ganzen Raum in Anspruch nehmen, kehrt machen, wieder gehen. Also bestimmte, gezielte Bewegungen voller Kraft. Laut mit sich sprechen könnte zeigen, daß man sich stets selbst die Antwort gibt. Besitzergreifen eines Platzes, deutliche Besitzmarkierungen durch Handtasche.
Statischer Typ — Extrovertiert

Der Optimist: Wie eine Dampfwalze strebt er zum Mittelpunkt, ohne hin und her. Lautes Lachen, Reiben der eigenen Hände vor Zufriedenheit, Kontaktaufnahme durch Schulterklopfen. Bereit, denjenigen zu führen und zu beschützen, der ihm folgt und ihn nicht stört.
Statischer Typ — Extrovertiert

Die Sensible: Unsicher schwankende Schritte, sich den Bewegungen des »Führenden« anpassend, mit Anmut in Deckung gehen, sich drehen, die anderen nicht ansehen.
Beweglicher Typ — Introvertiert

Der Tolerante: Nach allen Seiten beweglich, fließende ausdrucksvolle Gesten, kein fester Standpunkt, keine Ruhe. Kontaktsuche und Aufmerksamkeit heischend. Geschmeidig.
Beweglicher Typ — Extrovertiert

Die Bescheidene: Leise schlurfende Schritte, betonte Unauffälligkeit. Häufiger Stellungswechsel, um keinen Blickfang zu bieten. Haltsuchen, keinen festen Standpunkt einnehmen.
Beweglicher Typ Introvertiert

Die Besondere: Mittelpunktsgebahren. Fest in sich ruhen. Umgebung mit Blick und Gruß in Besitz nehmen, den besten Platz beanspruchen mit Freiraum neben sich, um sich ausbreiten zu können.
Statischer Typ Extrovertiert

Der Umsichtige: Unauffälliges Erscheinen und sich in die Gruppe einfügen. Mit gezielten ruhigen Bewegungen Ordnung machen. Alles hat seinen Platz. Hektik und Unruhe werden vermieden.
Statischer Typ Introvertiert

Der Vielseitige: Schlängelnde, drehende Bewegungen, rundum ausfahrende Gesten, nicht festzuhalten in Blick und Position. Häufig verschluckte Sätze, schnelle sprunghafte Sprechweise.
Beweglicher Typ Extrovertiert

Der Individualist: Auftauchen und Benehmen sind abrupt. Er will dauernd anders sein als die anderen und erregt dadurch deren Aufmerksamkeit. Kommunikation und Spannung mit der Umwelt trotz betonter Distanz. Unruhe bis zur Exaltiertheit.
Beweglicher Typ Extrovertiert

Der Gemütliche: Bestimmte, sparsame Bewegungen. Seinen Platz ungerührt einnehmen. Ein unausgesprochenes: »Bis hierher und nicht weiter« und: »Laß mich zufrieden, dann bin ich friedlich.«
Statischer Typ Introvertiert

Die Zutrauliche: Fahrig, hektisch, abrupt in Bewegung, Gesten und Mimik, dauernd mit sich selbst beschäftigt, zu sich sprechend. Die scheinbare starke Annäherung an andere gilt nicht deren Interessen, sondern reflektiert die eigenen Gedanken und Gefühle.
Beweglicher Typ Introvertiert

Wie du gehst, so wirkst du!

2. An der Rezeption

Der Reiseleiter hat der versammelten Gruppe Prospekte und Unterlagen gegeben. Außerdem hat er einen guten Vorschlag gemacht: Nach dem Abendessen könne man sich zwanglos im Salon treffen und etwas näher kennenlernen. Dann fordert er die 12 Gäste auf, zur Rezeption zu gehen, wo alle ihre Koffer abgestellt hatten, und sich die Zimmerschlüssel zu holen.

Wir wollen beobachten, wie die zwölf Reiseteilnehmer *gehen*.

Die Aktive dreht sich sofort abrupt um und eilt mit geraden, festen lauten Schritten, marschierend wie ein kampflustiger Widder, mit vorgestrecktem Kopf der Rezeption zu. Mit dem Fuß stößt sie eine Tasche weg, packt mit einem Ruck ihren schweren Koffer und stellt sich an die Rezeption. Die Ellenbogen liegen flach auf dem Tisch, nach außen gewendet, und spießen links und rechts Näherkommende geradezu auf. Ihre Hand streckt sie geöffnet, mit abgespreiztem Daumen quer über den Tisch, um den Schlüssel in Empfang zu nehmen.

Beachten Sie diese Gangart bei sich und anderen.

Es entsteht der Eindruck:

Feste, gerade, laute Schritte = Zielstrebigkeit, Unbeirrtheit, Rücksichtslosigkeit, Elan.

Vorgestreckter Kopf und Oberkörper = Betonung der

Kopflastigheit, aus dem Willen die Energie holen, Ungeduld.

Aufrechter Kopf und Oberkörper = Entschlossenheit, Optimismus.

Die Aktive meint die erste zu sein, wie immer. Aber vor ihr an der Rezeption ist schon jemand!

Der Individualist hat mit schnellen, federnden Schritten einen Haken geschlagen, ist geschickt über ein Pflanzenarrangement gestiegen. Seine Beine gehen unbekümmert vor ihm her, die hochgereckten Füße greifen ohne Absicherung vorwärts, er läuft wie »Hans-guck-in-die-Luft«, nur guckt er auf den Boden oder in sich, denn der leicht gebeugte Oberkörper und der etwas gesenkte Kopf folgen den Beinen sozusagen hinterher. Nun lümmelt er sich lässig an der Rezeption, den Kopf aufgestützt, die Beine überkreuzt und grinst.

Beachten Sie diese Gangart bei sich und anderen.

Es entsteht der Eindruck:

Große, schwungvolle, federnde Schritte = Mut, Tollkühnheit, Lebenslust, Risikobereitschaft, Beweglichkeit, Jugend. Dieselbe Gangart *etwas schleichender, leiser (wie in Turnschuhen) = Geschmeidigkeit, Animalität, eine gewisse Hinterhältigkeit und Überrumpelungsmentalität.*

Geneigter Kopf, etwas geneigter Oberkörper = Professorengang, Konzentration, geistiges Suchen, Rastlosigkeit, Desinteresse an der Umwelt, starke Egozentrik.

Fallen Kopf und Oberkörper aber lasch und spannungslos nach vorn, entsteht der Eindruck, daß Kopf und Kräfte den »großen Sprüngen« nicht folgen können = Fantast, Spinner, Traumtänzer

Die Aktive und der Individualist waren also die ersten an der Rezeption.

Der Vielseitige ist mit seinen kleinen, hastigen Schritten, fast laufend, ebenso schnell da. Seine Füße setzt er so eng, daß er fast »über den großen Onkel« läuft. Der Kopf nickt hin und her, die Arme fuchteln lebhaft. Er wirft sich fast über den Tisch, um seinen Schlüssel zu bekommen. Da fällt ihm sein Koffer ein! Er schlägt sich an die Stirn und läuft zur Seite, um ihn zu suchen.

Beachten Sie diese Gangart bei anderen und sich.

Es entsteht der Eindruck:

Fußspitzen laufen beim Gehen aufeinander zu = Man steht sich oft selbst im Weg und blockiert sich.

Enger und trippelnder Schritt = Ängstlichkeit, Kindlichkeit, Unsicherheit und Labilität. Erweckt daher oft Beschützerinstinkte.

Stolzierender Trippelgang = erotisches Lockmittel, besonders bei wiegendem Becken (M. Monroe).

Hastige, kleine, oft stockende Schritte verbunden mit leicht gebeugter Haltung = Verhuschtheit, Labilität, unkonzentriert, ablenkbar, unsicher bis deprimiert. Wirkt aber auch rührend, hilflos und sehr jung.

Beim beim Gehen fahrige, hektische, rudernde Arme = Rastlosigkeit, Unbehagen bis Hemmungen.

Je hüpfender und wippender die kleinen Schritte, um so verspielter, fröhlicher, harmloser, aber auch unbekümmerter ist die Wirkung.

Dazu *beweglicher aufrechter Oberkörper,* viel Drehen und Wenden, Rücken krümmt und streckt sich = Geschmeidigkeit, Beweglichkeit im Auffangen von Schlägen und Wiederaufrichten. Biegen, aber nicht brechen. Stehaufmännchen. Ducken und wieder aufmucken.

Je hüpfender und abrupter der Gang, sozusagen »hakenschlagend« = Hindernisse im Leben werden möglichst umgangen oder übersprungen. Ausweichen, nicht stellen. Launenhaftigkeit, Umschwünge, Beeinflußbarkeit.

Der Umsichtige ist inzwischen auch an der Rezeption eingetroffen. Mit festen, kurzen Schritten ist er der Aggressiven gefolgt. Gerade Haltung, ziemlich aufrechter Gang, anliegende, herabhängende Arme. Er marschiert ohne links und rechts zu schauen mit nach vorn strebendem Oberkörper. Als der Nervöse wegläuft um seinen Koffer zu suchen, stellt er sich unauffällig, aber sehr bestimmt an dessen Platz und legt seine Handfläche fest geschlossen auf den Tisch.

Beachten Sie diese Gangart bei anderen und sich.

Es entsteht der Eindruck:

Feste, gerade kurze Schritte = greifbare reale Zielsetzungen. Zuverlässigkeit, Präsent, Pünktlichkeit bis Peniblität. Tatkräftiger Optimismus bis Mechanik. Keine Überschwenglichkeiten oder Emotionen.

Beständige, fast taktmäßige Gleichmäßigkeit der Schritte = nicht ablenkbar, praktisch, robust. Aber auch Beschränkung, Begrenzung, Langeweile, Impulslosigkeit.

Marschierender Schritt = gerne in einer festen Ordnung, mit festen Begrenzungen leben.

Gerade herunterhängende Arme = Selbstverständlichkeit, Haltung, Ruhe, Beherrschung, auch mangelnde Impulsivität.

Taktmäßiges Gehen, starre, supergerade Haltung und erhobener Kopf (Soldatengang) = Sich selbst Mut machen, Halt suchen, oft Gefühlsstau, Angst vor dem sich Gehenlassen.

Die Zutrauliche ist mit eiligen, leisen Trippelschritten im Schatten des Umsichtigen hinterhergehoppelt, gehüpft. Alles an ihr ist in Bewegung, sie versucht sich von der einen Seite an die Rezeption ranzuschlängeln. Ach, da stehen schon welche! Das ist wohl falsch! Scheinbar harmlos, macht sie sich dünn und versucht sich unauffällig, anschmiegsam reinzudrängen.

Beachten Sie diese Gangart bei anderen und sich:

Es entsteht der Eindruck:

Kleine, huschende Schritte = nicht auffallen, sich anpassen, auch andere überlisten um auf diese Art vorwärts zu kommen.

Dicht herangehen, Distanz nicht beachten, fast auf die Füße treten, drängeln = Belästigung, nicht ausweichen können und lieber zurücktreten, Zudringlichkeit, verbunden mit dem Hervorrufen von Mitleid.

Sich fast unauffällig in Lücken drängen = etwas ergattern, süchtig danach, dabei zu sein. Sich und seine Gefühle und Meinungen unbedingt anderen aufdrängen, ohne daß sie es merken.

An der Rezeption sind in diesem Moment fast gleichzeitig und ohne zu hetzen der Gemütliche und die Zuverlässige eingetroffen.

Der Gemütliche schreitet breitbeinig und ohne Hektik, mit gleichmäßig wiegendem Oberkörper. Er walzt heran und ihm wird – man weiß gar nicht warum – irgendwie an der Rezeption Platz gemacht. Er ist nicht dick, trotzdem hat man den Eindruck: »Wo der geht, wächst kein Gras mehr«. Die Arme hängen ruhig herab, der Körper ist gerade. Er »verbreitert« sich beim Gehen.

Beachten Sie diese Gangart bei anderen und sich.

Es entsteht der Eindruck:

Breitbeinige, ruhige Schritte, oft wiegender Oberkörper, aufrechte Haltung = Sicherheit, Solidität, Vaterfigur, urige Gemütlichkeit. Weckt Beschützerwunsch.

Aber auch *bei leichter Übersteigerung* = unerschütterliche Kraft, auf kürzestem Weg zum Ziel, Sturheit, Unnachgiebigkeit, was im Weg steht, wird plattgewalzt, mögliche Androhung von Gewalt.

Stark nach außen gewendete Füße = mehr versprechen als man hält, Selbstüberschätzung.

Die Zuverlässige hat einen ähnlichen Gang, nur knapper, präziser, abgehackter, aber ebenso aufrecht, gerade und resolut. Ihr Kreuz ist durchgedrückt, der Kopf sehr hoch erhoben. Arme und Hände sind eng an den Körper gepreßt, steif und gerade steht sie hinter der Aktiven.

Beachten Sie diese Gangart bei anderen und sich.

Es entsteht der Eindruck:

Knapper, abgehackter, taktmäßiger Gang: Gebremste Aggression, gestaute Aktivität. Unsicherheit vor allem auf emotionalem Gebiet, daher Einhaltung von Normen und Vorschriften. *Je kleiner und enger die Schritte* = Beherrschung und Gefühlszurückhaltung.

Übergerade Haltung mit durchgedrücktem Kreuz = zuverlässig, korrekt, diszipliniert, selbstsicher und unemotional.

Besonders hocherhobener Kopf = Überheblichkeit, Besserwisserei, Hochmut, Zugeknöpftheit. Oft auch Angstsignal – besonders bei Übertreibung –, man könnte nicht respektiert werden.

Fest am Körper anliegende Arme und Hände = nichts an sich ranlassen wollen, auch nicht bereit, viel von sich herzugeben. Sich bewahren.

Das Paar, das jetzt heranschlendert und oft stehenbleibt, scheint es nicht so eilig zu haben, den Schlüssel zu bekommen.

Der Tolerante hat mit eleganter Verbeugung und großer Handbewegung die Besondere aufgefordert, mit ihm zu gehen.

Die Besondere legt mit weiter Geste ihre Hand von oben nach unten auf seinen, ihr zugeneigten Arm. Mit der anderen ergreift sie ihre Handtasche, die sie hin- und herpendeln läßt. Sie macht ein, zwei Schritte, bleibt stehen, spricht mit weitausholenden Gesten, geht wieder zwei Schritte, schüttelt lachend und nachdrücklich den Kopf, dreht sich frontal mit zurückgeworfenem Kopf zum Partner, und gelangt so mit viel Platz um sich herum und lässiger Ruhe an die Rezeption.

Beachten Sie diese Gangart bei anderen und sich.

Es entsteht der Eindruck:

Große, langsame Schritte, mit häufigem Stehenbleiben = Kraft, Ruhe, Furchtlosigkeit, Selbstvertrauen. Durch das Stehenbleiben immer wieder Ruhepunkte, Kraftsammeln, Besinnung, um mit neuem Schwung zu starten. Aber auch: Trägheit, Ausruhenmüssen, Unbeweglichkeit, Selbstgefälligkeit.

Hand von oben nach unten auf den Arm des anderen legen = Überlegenheit, Huld, Dominanz, Besitzergreifung.

Nachdrückliches Kopfschütteln, Frontaldrehung, Haare zurückwerfen = bestimmte und klare Gesten, also deutlich gezeigte Emotionssignale. Ohne Scheu, ohne Hemmung, mit großer Selbstsicherheit werden die Gefühle zur Schau gestellt.

Der Tolerante hat wie ein guter Tänzer die Gangart der Besonderen begleitet, sich wendend, drehend oder innehaltend wie sie. Seine großen, leichten, schwungvollen Schritte passen sich jeder Richtung an. Er führt mit dem Unterkörper, der leicht zurückgelehnte Oberkörper gibt lässig und geschmeidig jeder Bewegung nach.

Beachten Sie diese Gangart bei anderen und sich.

Es entsteht der Eindruck:

Harmonisch fließende, beschwingte Schritte = innere Beweglichkeit, Anpassungsvermögen, Geschmeidigkeit

Vorgeschobenes Becken und Beinpartie = weniger vom Verstand, als vom Instinkt geleitet. Dadurch oft animalische Anziehungskraft auf das andere Geschlecht (raubtierhaft, wie eine Katze, wie ein Panther gleitend und schleichend).

Wird dieser Gang zu weich, *fast dahinschlurfend* = schmierig, glatt wie Seife, lauernd, schmeichlerisch, unterwürfig und unheimlich, vor allem dann, wenn die lässigen und geschmeidigen Bewegungen des Oberkörpers rückgratlos, kriecherisch und zu gebeugt wirken.

Sie haben schon gemerkt, die Besondere und der Tolerante sind große Gegensätze und scheinen wie Feuer (sie) und Wasser (er) aufeinander zu wirken. Offensichtlich sehr positiv! Die erotische Anziehung wird sehr häufig durch Gegensätzlichkeit ausgelöst.

Auch das nächste Paar, das ziemlich gemütlich zur Rezeption geht, hat es offenbar nicht eilig, wenn auch aus anderen Gründen. Wozu die Hetze? Sollen doch die anderen erst ihre Schlüssel holen, man kriegt ja am Ende auch noch einen. Und schließlich, wer zuletzt lacht... wer weiß?

Der Optimist hat noch bis zuletzt fröhlich lachend beim Reiseleiter gestanden, man muß sich doch immer gleich etwas profilieren, damit der weiß, wen er vor sich hat! Nun wirft er etwas theatralisch die Arme hoch und geht mit kräftigen, lauten Schritten um den Tisch. Plötzlich stockt er. Die Sensible! Schon dreht er sich mit Elan um und eilt auf sie zu, die Arme einladend ausgebreitet, mit gerader, aufrechter Haltung beim Gehen. Kopf hoch, Brust heraus! Die Schritte sind weit ausholend, mit Fußspitzen, die stark nach außen weisen, so segelt er wie ein Eisläufer auf die Sensible zu.

Beachten Sie diese Gangart bei anderen und sich.

Es entsteht der Eindruck:

Nach außen gerichtete laute, große Schritte, dazu gerade Haltung mit betontem Oberkörper, umfassenden weiten Armbewegungen: Wärme, Kraft, Führungsanspruch, Elan. Selbstbewußtsein und Hinwendung zum anderen. Beschützenwollen.

Aber auch: Einverleiben, Unterbuttern, betonter Egoismus. Quantität statt Qualität. Aufgebläht und eingebildet sein. Plumpe Vertraulichkeit.

Die Sensible hat sich eigentlich kaum fortbewegt. Sie geht zwar mit kleinen, leichten Schritten hin und her, die Beine sind eng aneinandergelehnt (vor allem die Knie), der Körper bewegt sich hin und her, die S-Kurve ihrer Haltung (Twiggy) gibt ihr etwas Anmutig-Hilfloses. Die Arme hängen locker herab, sie wartet geradezu darauf, daß jemand sie unter seine Fittiche nimmt. Allein durch die Halle gehen zu müssen – entsetzlich!

Beachten Sie diese Gangart bei anderen und sich.
Es entsteht der Eindruck:

Kleine, leichte Schritte mit ziemlich geschlossenen Knien = Schutzbedürfnis, Kindlichkeit, Passivität.

Verbunden mit leicht geneigtem Kopf und vorgeschobenem Becken = Weiblichkeit, Kind-Frau, Verführbarkeit, Lockung und Scheu.

Dazu noch die leicht geneigten Schultern = Gefühlsbetonung, unintellektuell.

Je stärker diese Gangart ausgeprägt ist = Laschheit, Müdigkeit, Entschlußlosigkeit, Passivität, Mißmut und Launenhaftigkeit, Anfälligkeit bis Kränklichkeit, Lebensuntüchtigkeit.

Der *Optimist* und die *Sensible* haben sich gesucht und gefunden. Er will führen und Verantwortung tragen, sie will geführt werden und keine Aktivität entwickeln. Sie hat unbewußt alle körpersprachlichen Signale der Unsicherheit ausgesandt, er hat sie prompt empfangen und sofort mit allen körpersprachlichen Signalen der aktiven Führungsrolle geantwortet.

Solche Ergänzungen führen oft zu starken Sympathien, Freundschaften, Liebe. Ebenso zu heftigen Abneigungen und »Nicht-miteinander-Können«. Reagiert man immer nur auf solche »Ergänzungspartner«, besteht die Gefahr (oder Hoffnung), nie an diesen Eigenschaften arbeiten zu müssen. Vielleicht wird die Sensible am Schluß der Reise sagen:

»Ich wollte doch auf dieser Reise *einmal* Selbständigkeit und Eigenverantwortung zeigen, vor all den fremden Leuten, wo ich unbelastet bin, einmal mutig und energisch reagieren – aber kaum war ich da, hat mich schon wieder jemand wie ein Kind behütet und gegängelt. Was habe ich nur falsch gemacht?«

Und der Optimist wird vielleicht sagen: »Ich wollte doch *mal* nur für mich sorgen, nicht wieder jemanden unter meine Fittiche nehmen wie eine Glucke, der dann an mir kleben bleibt! Aber wer sonst hätte sich um diese hilflose Person gekümmert?«

Auch wenn man es sich nicht gern eingesteht: Es ist mit das Leichteste, die erprobten Signale auszuschicken und auf ein Echo zu warten. Aber es steigert den Mut und das Selbstvertrauen, die Sicherheit und das positive Lebensgefühl unglaublich, wenn man es schafft, die Schwächen, über die man sich hinterher immer ärgert, zu überwinden!

Übrigens – haben Sie bei den beiden Reisenden der Gruppe etwas gemerkt? Beide hetzen nicht zur Rezeption. Sie müssen nicht die ersten sein. Die Schlüssel kriegen sie allemal. – Das machen diese Art Menschen nicht nur an der Rezeption, sondern auch bei Abreisen mit Bus und Bahn, bei Verabredungen um eine bestimmte Zeit und bei Entschlüssen.

Die ersten an der Rezeption sind auch die ersten am Buffet, aber auch die ersten auf der Flugzeugrutsche bei der Notlandung.

Die letzten an der Rezeption erreichen den Zug oft nur, weil er Verspätung hat. Sie kommen als letzte zum Empfang und haben sich dadurch stundenlanges Drängeln und Warten erspart. Sie sind die letzten Gratulanten, die man sehnlichst erwartet hat.

In unserem Fall hält der Portier ihnen bereits ungeduldig drei Zimmerschlüssel entgegen.

Drei? Wer fehlt noch? Man muß richtig suchen, um sie zu sehen!

Die Bescheidene ist sofort allein losgegangen, scheinbar intensiv ihren Prospekt betrachtend. Leise, betont unauffällige Schritte, immer etwas in Deckung an der Wand. Sie studiert die Marmorstruktur der Säule, bewegt sich im Bogen ganz desinteressiert an der Gruppe vorbei zur Ecke der Rezeption, wo sie intensiv mit vorgeneigtem Kopf das Kalenderdatum des heutigen Tages studiert. Sie nimmt ohne aufzusehen den Schlüssel, den der Portier ihr gibt und holt unauffällig den Koffer, der noch dasteht.

Beachten Sie diese Gangart bei anderen und sich:

Es entsteht der Eindruck:

Unauffällige Schritte, leise, Deckung suchend = sich schützen, in sich geschlossen ruhen, mehr hören als sehen.

Häufiges Drehen, Stehenbleiben, Partner und Gruppen umgehen= Unauffälligkeit betonen, Reserve wahren, nicht angesprochen werden wollen. Andere nicht stören oder belästigen. Rücksicht und Diskretion.

Beim Gehen Objekte studieren (Marmor, Kalenderblatt) = Stützpunkte suchen, Unsicherheit durch betontes Interesse verbergen.

Je stärker diese Gangart ausgeprägt ist = Angst vor Zurückweisung, Ergebenheit, ausweichen wollen. Aber auch Selbstmitleid, Kontaktarmut, Bockigkeit bis Resignation, Märtyreranspruch.

Als Faustregel kann man sich merken:

> Wird der Gehende sozusagen vom Kopf her und vom Oberkörper gezogen, zeigt dies meist einen Menschen, der bewußt handelt.
>
> Wird der Gehende sozusagen von den Füßen her gezogen, schiebt sich dabei das Becken vor und dann erst der Oberkörper, der oft etwas gekrümmt ist, zeigt dies meist einen Menschen, der aus dem Unbewußten handelt.

Wir haben in den ersten beiden Kapiteln die Mitglieder unserer Reisegesellshaft *einzeln* betrachtet und vorgestellt. Da unsere Selbstsicherheit und unser Erfolg oder unsere Unsicherheit und unser Versagen sich aber besonders im Du-Bereich oder im Sozialen Bereich zeigen, wollen wir uns nun der *Gruppe* zuwenden – und das brauchen ja nur zwei Personen zu sein!

Wie du sitzt, so überzeugst du!

3. Der Begrüßungscocktail

Am Abend treffen sich die zwölf Mitglieder der Gruppe und der Reiseleiter zum Begrüßungscocktail im Salon. Man sitzt in dem eleganten Raum zwanglos an kleinen Tischen. Zwanglos?

Beobachten Sie so ein Treffen auf Ihrer nächsten Reise, bei einem Hotelempfang, einer Geburtstagsparty, oder ganz einfach in einem Café, auf einer Terrasse, einem Restaurant oder der Kantine. Alle Leute suchen sich nach kurzem Zögern entweder sofort und zielstrebig einen Platz, oder gehen etwas suchend und unentschlossen durch den Raum, bis sie das finden, was ihnen in etwa zusagt.

Betrachten Sie diese Grafik. Markieren Sie doch den Platz, zu dem *Sie* gehen würden! Vielleicht sind Sie ganz überrascht, wer dort sitzt. (Die Numerierung der Stühle ist wertfrei, nur damit Sie den Platz leicht finden. Sie können auch *nach* der Beschreibung die Sitzpositionen der Reihe nach markieren.)

Auf Platz 2 (Tisch A) sitzt der Optimist, der bereits einige Plätze belegt fand, als er kam. An diesem Tisch A saß zwar schon die Zuverlässige auf Platz 3, aber die interessierte und störte ihn nicht. Als er kam, war Tisch B mit zwei Plätzen belegt. An Tisch D war ein Platz belegt, nämlich Sitz 11. An Tisch C war noch kein Platz belegt. Tisch E sah er gar nicht.

Warum wählte er diesen Platz?

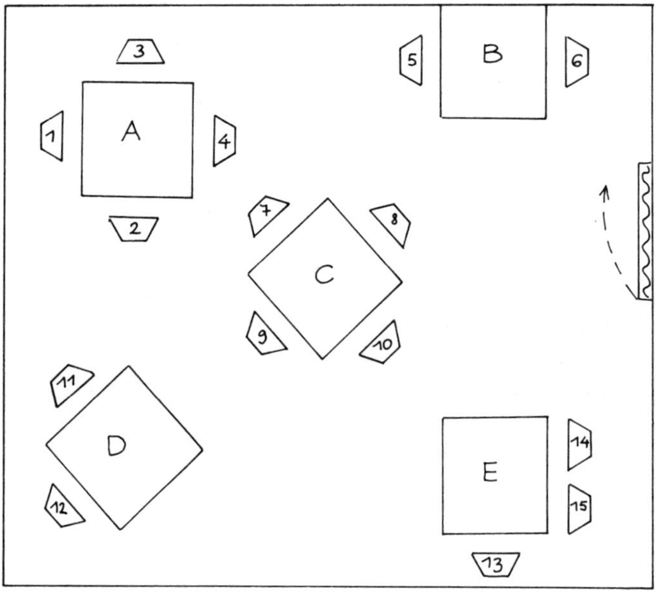

Die Sitzverteilung beim Begrüßungs-Cocktail

Er hatte bemerkt, daß die Sensible, die er doch unter seine Fittiche nehmen wollte, noch nicht da war. Für sie wollte er einen Platz freihalten. Tisch C? Nein, da würde sie bestimmt nicht gern sitzen. An den Tischen B und D war für zwei Personen kein Platz. Aber Tisch A war bestens! Da konnte er alles übersehen, die Tür im Auge behalten und Platz 4 freihalten!

Der Optimist, der beschützende, besitzergreifende Typ fühlt sich in dieser Position wohl. Er kann alles übersehen und notfalls dirigieren. Stuhl Nr. 4 wird umgekippt, Mantel drauf. Das sagt jedem: »Besetzt«. Er hat seinen Stuhl Nr. 2 schon übers Eck dem reservierten Stuhl 4 zugedreht und sitzt jetzt mit gespreizten Beinen da, die Füße fest auf dem Boden. Die Fußspitzen zeigen nach außen, und schließen später ihren Stuhl mit ein. Der linke Ellenbogen fest auf dem Tisch, die rechte Hand auf dem rechten Knie mit abgespreiztem Ellenbogen. Erhobener und bewegter Oberkörper. Zugewandtes Gesicht und Blick.

Signale:

Die gespreizten Beine signalisieren einen Besitzanspruch für dieses Revier.

Fußspitzen nach außen = Nicht zu nahe kommen!

Abgespreizte Arme und Ellenbogen = Ich passe auf. Ich bin doppelt so stark und dick! Ich verteidige auch, was mir gehört!

Direkt zugewendeter Oberkörper, Gesicht und direkter Blick = ungeteilte offene Zuwendung, Bereitschaft, Vertrauen, die »breite Brust« wird als Schutz und Zuflucht angeboten.

Die selbstbewußte und selbstsichere, ich-betonte Reviermarkierung zeigt Gelassenheit, Führungsanspruch, Furchtlosigkeit.

Mögliche Negativ-Signale:

Zu wichtigtuerisch und aufdringlich, Aufmerksamkeit auf sich ziehen wollen, Großspurigkeit. Die überdeutliche Reviermarkierung verrät Aufgeregtheit und bedrohliches Aufplustern und bringt Partner in Verlegenheit, die sich wegen dieses auffallenden Verhaltens schämen.

Vorschlag:

Beine mal unterm Tisch lassen, die Drehung des Oberkörpers reicht, um den Partner zu sehen. Nicht alles um sich herum in Beschlag nehmen, auch mal lässig zurücklehnen. Dann wirkt man nicht so angespannt und schlanker und geschmeidiger.

Die Sensible sitzt also auf Platz 4, nachdem sie endlich gekommen ist. Wo sollte sie auch hin? Der Optimist hat sichtbar den Platz für sie freigehalten und sie herangewinkt. Sie säße ja lieber auf Platz 1, aber das traut sie sich nicht zu sagen. Sie hat ihm auch den Stuhl zugewendet und sich tief in die Lehne zurückgelehnt. Schrecklich, daß sie keine Wand im Rücken hat! Die Beine sind gerade vorgestreckt, die Fußspitzen zielen in seine Richtung. Die Hände liegen verschlungen im Schoß. Der Kopf ist halb zur Seite geneigt bei dieser lässigen, halb liegenden Gesamthaltung.

Ob das ein gemütlicher Abend wird?

Signale:

Ausgestreckte oder überkreuzte Beine und auf das Gegenüber zielende Fußspitzen = Distanz, auch Warnung und Abwehr, vergrößerter Freiraum.

Gefaltete Hände im Schoß = eine Schutzgeste, die Scheu verrät.

Halb liegende, lässige Haltung = Abwehrsignale werden durch Sanftheit, Schmiegsamkeit, Passivität gemildert.

Halb abgewendeter Kopf = noch Abwehr, aber auch Jugend, Kind-Frau, Bereitschaft.

Bei straff aufgerichtetem oder durchgestrecktem Oberköper wären alle Signale viel aggressiver und abwehrender.

Mögliche Negativ-Signale:

Flucht und Schutzbewegung, die Angst verrät. Unsicherheit, sich verstecken und zurücknehmen wollen. Kraftlosigkeit bis Trägheit, Depression, Langeweile, fehlende geistige oder emotionale Bewegtheit. Laszivität.

Vorschlag:

Beine überschlagen, aufrechter sitzen mit etwas vorgebeugtem Oberkörper würde eine für diesen Typ überraschende Aktivität und Lebendigkeit, stärkeres Interesse und mehr Optimismus vermitteln. Bei Verhandlungen und wichtigen Gesprächen signalisiert diese Haltung eine innere Beteiligung, die Ängstlichkeit oder Unsicherheit werden damit verdeckt. Das gibt mehr Mut, und damit können Verhandlungen und Auseinandersetzungen viel erfolgreicher verlaufen.

Die beidseitige, frontale Zuwendung des Optimisten und der Sensiblen zueinander hat die Person, die auf Platz 3 am Tisch A sitzt, total isoliert.

Die *Zuverlässige* hatte sich gleich auf diesen Platz gesetzt. Warum? Sie mag keinen Mittelpunkt. Nur bei Schutz im Rücken oder von einer Seite fühlt sie sich wohl. Da kann man alles beobachten. Dazu noch die Schutzbarriere des Tisches vor sich! Man hat eine angenehme Distanz und kann alles genau registrieren. Nichts entgeht einem, und man bleibt selbst im Schatten. Das macht Spaß.

Signale:

Gerade Haltung, fest anlehnen = Wachheit, Rückgratverstärkung, bewußtes Beobachten. Aufmerksamkeit.

Hände auf der Handtasche, sie fest umklammernd = doppelte Sicherung und Einfriedung, Schutzmauer.

Festigkeit, Energie und Zuverlässigkeit werden ausgestrahlt.

Beine gerade und geschlossen vor sich = Abwehr, Wertlegen auf gutes Benehmen. Zurückhaltung bis Prüderie im sexuellen Bereich.

Mögliche Negativ-Signale:

Die Wirkung auf andere ist nicht einladend, eher abweisend. Man sucht Schutz und Rückendeckung. Alle Werte (psychische und physische) werden verteidigt und ungern hergegeben. Man wirkt eher kleinlich und penibel, überkorrekt. Damit hält man – oft ohne es zu wollen – andere auf Distanz.

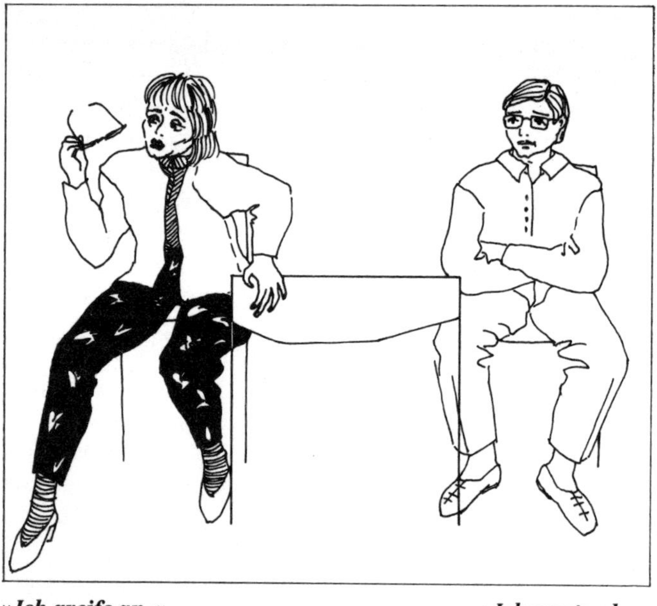

»Ich greife an.« ***»Ich warte ab.«***

Vorschlag:

Öfter die Gewichtsverteilung im Sessel auflockern, anders hinsetzen! Beine überschlagen oder auch mal ausstrecken. Im Stuhl nicht ganz so fest zurücklehnen, der Stuhlkante vertrauen! Arme lockern, Haare streichen, Oberkörper bewegen, und zwar nicht ruckartig, sondern durch eine Drehung aus der Taille.

Trotz Ausstrahlung von Disziplin und Zuverlässigkeit wird der Gesamteindruck lockerer, bewegter und temperamentvoller. Die Abwehrsignale anderen gegenüber mildern sich in ruhiges Abwarten. Das schafft eine sehr positive Basis für Kontakte.

An Tisch B sitzen zwei Personen. Auf Platz 5 die Zutrauliche, auf Platz 6 der Umsichtige.

Der Umsichtige war natürlich früher da, und er wählte Platz 6.

Warum?

Hier wird er nicht bemerkt. Alle, die eintreten, wenden ihm ja den Rücken zu. Trotzdem kann er alles genau beobachten. Unterschied zur Zuverlässigen auf Platz 3: Die Zuverlässige will im Rücken und vor sich Schutz haben, aber durchaus sehen und bemerkt werden, deshalb wählte sie einen Tisch mit 4 Plätzen, der den Wunsch nach Kontakt signalisiert. Der Umsichtige dagegen sucht sich einen Tisch mit möglichst wenig Plätzen aus.

> Wenn sich einzelne Leute oder Paare an große Tische mit freien Plätzen setzen, mit Rückendeckung und Blick auf die Eintretenden, suchen sie unbewußt nach Kontakt. Man kann sich also ruhig dazusetzen.

Der Umsichtige hat also den kleinsten Tisch mir nur zwei Plätzen und mit Tischbarriere gewählt. Die Lehne hat er zur Wand gedreht, er sitzt aufrecht mit gerade aufgestellten, etwas gespreizten Beinen. Die Arme sind über der Brust verschränkt. Sein Kopf ist ruhig und gerade, aber seinen Blicken entgeht nichts. Er fühlt sich so sehr wohl, ist vergnügt und zufrieden mit diesem Platz.

Signale:

Gerade Haltung, angelehnt, aber nicht hinter der Tischbarriere, sondern in den Raum hinein = Wachsamkeit, Selbstsicherheit, ziemlich gleichgültig, ob sich das gehört oder nicht. Ohne Scheu gezeigtes Desinteresse am eventuellen Nachbarn.

Verschränkte Arme signalisieren = Komm mir nicht zu nah. Ich will jetzt nicht gestört werden. Ich blocke dich ab.

In den Raum hineinsitzen = Unbekümmertheit und Selbstbewußtsein. Er hat keine Angst, er wirkt ruhig und kraftvoll.

Mögliche Negativ-Signale:

Deutliche Warnung: Ich will allein sein! Daß man diesen aufmerksamen Beobachter erst ziemlich spät bemerkt, wirkt auf viele unangenehm, ja hinterhältig, sich bewahrend und versteckend. Die starre, monumentale Haltung kann Scheu oder Zurückhaltung erwecken. Man traut sich nicht, sich zu ihm zu setzen und wird ihn nicht ansprechen. Er wirkt mißtrauisch, vielleicht auch klotzig und stur.

Vorschlag:

Wenn man doch insgeheim Kontakt haben möchte oder Kontakt schaffen muß aus irgendwelchen Gründen – ruhig mal an einen größeren Tisch setzen. Man wird Sie nicht gleich vereinnahmen! Verschränkte Arme lösen, ab und zu Gesten zum Partner hin. Am besten links und rechts Leute ins Gespräch ziehen (zum Üben!), das gibt Beweglichkeit und lockert die abweisende Starrheit auf. Die gerade vor sich aufgestellten Beine wirken weniger kompakt, wenn man einen Fuß vorstellt, mit der Fußspitze zum Gesprächspartner. Das gibt der Kraft und Präsenz und Geballtheit, die Sie so stark und positiv ausstrahlen, zusätzlich einen lebendigen Impuls. Sehr gut bei wichtigen Gesprächen und Kontaktsuche!

Die Zutrauliche wählte den Platz 5 am gleichen Tisch.

Warum?

Am Tisch A waren Platz 2 und 3 belegt. Platz 4 reserviert. Platz 1 indiskutabel, wer verkriecht sich denn dahinten hin! Tisch E hat sie gar nicht gesehen. An Tisch D war Platz 11 besetzt und so weit weg. An Tisch C in der Mitte saß kein Mensch – und so allein dahin? Nein, lieber schnell irgendwo dazusetzen. Tisch B Platz 5 – der Umsichtige schien doch ganz nett zu sein, und notfalls könnte man sich ja noch an den Mitteltisch setzen. Also nimmt auch sie ihre Position ein: Rücken des Stuhles zur Wand. Sie sitzt ziemlich vorn auf der Stuhlkante, ein Fuß nach vorn, einer nach hinten. Die linke Hand umfaßt die Tischkante, die rechte hebt munter die Brille hoch, ist immer bereit etwas zu tun. Der vorgeneigte Oberkörper gibt der Blickrichtung immer nach.

Signale:

Einen Fuß vor, einer zurück, beide nicht fest aufliegend = auf dem Sprung sein, Startlochposition, Impulsivität, Aufgeregtheit.

Linke Hand am Tisch in Richtung Partner = Kontakt zu ihm haltend, man weiß ja nie!

Beweglicher, vorgeneigter Oberkörper = Interesse, Lebhaftigkeit, Neugierde, Ansprechbereitschaft.

Dauernd wechselnde Blickrichtung = alles aufnehmen und reagieren, Wachheit, Munterkeit, Optimismus.

Agierende rechte Hand = Bereitschaft sofort und anpassungsfähig zu »handeln«. Sensibilität.

Mögliche Negativ-Signale:

Diese Beinstellung ist auch eine Fluchtposition. Man kann also schnell etwas abbrechen. Das Sitzen auf der Stuhlkante signalisiert auch Ruhelosigkeit, keine Zeit haben, Wegwollen, Nervosität und Fahrigkeit. Der vorgeneigte Oberkörper mit dem sich stets bewegenden Kopf gibt etwas vogelartig Pickendes. Das kann aufgescheucht, komisch, putzig oder zudringlich wirken. Auch aufgeregt und unkonzentriert. Keinesfalls souverän und sicher.

Vorschlag:

Dem Stuhl mehr vertrauen und gelegentlich in und an ihm »kleben«, das richtet den Oberkörper auf und gibt mehr Rückgrat. Man sitzt auf der ganzen Fläche – das gibt mehr Bezug zur Realität, zum Bodenständigen. Man macht nicht mehr einen so flatterhaften, unkonzentrierten Eindruck. Die fast gierige, sehnsüchtige Zuwendung und Kontaktsuche zum Gegenüber springt sonst zu sehr ins Auge, erschreckt den anderen und wirkt vielleicht zudringlich. Die Haltung ist vorteilhaft bei wichtigen Unterredungen oder Bewerbungen! Man strahlt nicht soviel Hektik, sondern konzentriertes, bewegtes Interesse aus. Das kann entscheidend für den Erfolg einer Begegnung sein.

Die Besondere sitzt auf Platz 7 am Tisch C. Sie war ohne Zögern auf diesen Platz geeilt, da der Tolerante – dicht hinter ihr – sie kurz überholte und den Stuhl mit Schwung für sie zurückschob, natürlich so, daß die Richtung ihres Stuhls auf seinen Platz 8 zeigte. Die Besondere sitzt mit Genuß zurückgelehnt da, den Kopf erhoben zeigt sie viel Hals und Schulter in seine Richtung, ein Arm hängt locker über die Stuhllehne herunter. Ein Bein ist angezogen, der Fuß ruht auf der Spitze. Das andere Bein ist weit ausgestreckt und wippt ab und zu mit der Fußspitze direkt zu dem Toleranten.

Signale:

Offen gezeigte Hals- und Schulterpartien = Sicherheit, fast Übermut, keine Angst »gebissen« zu werden (im übertragenen Sinn). Auch Lebensfreude und Stolz.

Mit Genuß zurückgelehnt, die Brust bietend bei herunterhängenden Armen = keine Aggression, Souveränität, Gelöstheit. Die locker zum Partner hin geöffneten Handinnenflächen zeigen Aufrichtigkeit, keinen Hinterhalt.

Ein Bein angezogen, das andere mit wippender Fußspitze zum Partner hin = zwar noch ein Wahren der

Distanz, aber der Kontakt wird zielbewußt anvisiert.

Die zurückgelehnte Haltung = Bereitschaft zur Du-Begegnung. Die Initiative soll aber der andere zeigen.

Mögliche Negativ-Signale:

Die Haltung kann lässig, träge bis apathisch wirken, die herabhängenden Arme inaktiv. Auf viele macht diese breit ausladende Haltung den Eindruck von Arroganz, ja Schamlosigkeit, manche nennen es unsensiblen Exhibitionismus. Starke Ichbezogenheit.

Vorschlag:

Die neiderweckende und zu ungeniert wirkende Großspurigkeit kann sehr negativ bei Besprechungen, Geschäften oder Unterredungen wirken! Besonders, wenn man in der schwächeren Position ist, reizt man den Partner damit zur Wut. Besser sind sparsame Bewegungen und sich selbst »kleiner und schlanker«

»Wollen wir – oder nicht?«

nehmen, gelegentlich den anderen zuwenden und sie ansehen und aufnehmen. Nicht gleich die geballte Kraft spüren lassen, das macht Angst.

Der Tolerante sitzt der Besonderen auf Platz 8 nicht direkt gegenüber, denn sein Oberkörper lehnt sich frontal vom Tisch zurück. Aber das linke ist über das rechte Bein geschlagen und zielt mit der Fußspitze direkt in ihre Richtung. Durch ständiges leichtes Wippen zeigt er enorme Engagiertheit. Aber der Kopf geht doch öfter mal zum Nachbarn links, diesen mit einbeziehend. Dadurch wird das Interesse an der Besonderen betont unterspielt.

Signale:

Gerade zurückgelehnte Haltung = gleichmäßige Distanz nach beiden Seiten.

Unterm Tisch halb verborgen, Fußstellung zu einer Seite = deutliche aber nicht offen gezeigte Zuwendung.

Der Kopf zum Nachbarn auf der anderen Seite = Gleichgewicht herstellen zur deutlichen Bevorzugung, die aus dem erotischen Bereich kommt, im Gegensatz zur bewußten Kopfdrehung. Er ist Herr der Situation, wirkt geschmeidig, elegant und gesellschaftlich perfekt, er ist angenehm und läßt sich nicht gehen und ist auch nicht leicht zu durchschauen. Das ergibt eine gewisse kühle Faszination.

Mögliche Negativ-Signale:

Das forciert glatte Benehmen macht einen unverbindlichen Eindruck. Ein Mensch ohne Stellungnahme, kühl bis kalt und berechnend. Man könnte echte Emotionen, aber auch Ehrlichkeit und Kraft vermissen.

Vorschlag:

Mut zu direkter Zu- oder Abwendung. Vor allem bei entscheidenden Gesprächen und Bewerbungen sind stärkere frontale Zu- oder Abwendung sinnvoll. Der Rücken und damit der Standpunkt bekommen mehr Halt. Statt der locker übereinandergeschlagenen Beine, die eine freundliche Unverbindlichkeit signalisieren, das rechte Bein anwinkeln, rechter Fuß auf linkes Knie, vorbeugen und das rechte Bein mit beiden Händen umfassen. Das vermittelt den Eindruck von Engagement und Aktivität, ja Aggression. Diese Haltung wirkt sich bestimmt erfolgreich aus, wenn es bei Gesprächen auch um Mut, Energie und Einsatzwillen geht.

Hier erfolgt ein wichtiger Einschub!

> Wenn »der Blitz einschlägt« oder »der Funken zündet« zwischen zwei Menschen, werden alle Positionen im Gehen, Stehen und Sitzen zu erotischen Signalen für den Partner und von diesem sofort akzeptiert und erwidert. Instinktiv wissen dann beide, wie sie dem anderen in Gegenwart fremder Leute ihre eindeutigen Wünsche zu verstehen geben – scheinbar völlig harmlos und unauffällig.
> Wir wollen die Signale der Körpersprache bei der Besonderen und beim Toleranten, bei denen der Funke gezündet hat, ab jetzt immer als erotische Botschaft betrachten. Lesen Sie also bitte nochmals die Sitzposition der Besonderen auf Platz 7 und des Toleranten auf Platz 8 durch.

Die erotischen Signale sind:

Die Besondere: Hals und Schulter sind erogene Zonen, die »Beute« signalisiert, daß sie sich »besiegen, beißen« lassen will. Die zurückgelehnte Haltung mit deutlich gezeigter Brust und dem passiv herunterhängenden Arm, der die Handinnenfläche zeigt, sagen hier: »Ich hätte nichts dagegen, zu liegen! Ungeschützt zeige ich mein Innenleben oder das, was unter meinen Hüllen steckt« (offene Handinnenfläche). Das Spielen in den eigenen Haaren meint: »Ich mag Zärtlichkeit.« Das ausgestreckte Bein weist angriffslustig und zielsicher mit lockender wippender Fußspitze auf die anvisierte Beute! Das angezogene Bein wahrt noch etwas Distanz, zeigt aber die heftige Spannung an, die in ihr steckt.

Der Tolerante hat natürlich alle Signale erkannt! Sein linkes Bein ist über das rechte geschlagen – also seine unbewußte, gefühlsmäßige Seite liegt über der rechten, der des bewußten Verstandes. Er will jetzt nicht denken! Das Wippen seiner Fußspitze direkt in ihre Richtung zeigt seine heftigen Wünsche. Er versucht es zu verbergen und die Form zu wahren, indem er mit seinem Bewußtsein (Kopf) auch den anderen Tischpartner einbezieht. Seine aufrechte Haltung im Gegensatz zu seiner sonstigen Lässigkeit zeigt die starke Spannung an. Dadurch wirkt er erotisch sehr aktiv.

Der Vielseitige sitzt auf Platz 10 am Tisch C. Tisch E hat er in seiner üblichen Eile gar nicht gesehen, alles andere schien ja besetzt zu sein, oder nicht? Na, egal, wo er sitzt, er dreht sich sowieso dauernd nach allen Seiten um und sitzt keine Minute still. Mal nach links zu Platz 9, auch zu 8, winkt zu Tisch D, verbeugt sich zu Platz 5. Er hat zwar keine Ahnung, wer das alles ist, aber er kontaktet flüchtig, lebhaft, freundlich, mit leicht geneigtem Oberkörper, bewegtem Kopf und dauernd veränderten Sitzpositionen. Er pafft schnelle kleine Zigarettenwolken in alle Richtungen, stippt die Asche mal in den Ascher oder aus Versehen auf den Boden.
Signale:

Häufiges Drehen und Wenden auf dem Sitz mit beweglichem Kopf und Oberkörper = Lebhaftigkeit, Jugendlichkeit, Vergnügen und fröhliche Neugierde. Kontaktbereitschaft. Freundlichkeit und keinerlei Scheu oder Angst zurückgewiesen zu werden. Unbekümmertheit.

Das Paffen und flüchtige Asche abstippen = Ungeduld und Ablenkbarkeit.

Mögliche Negativ-Signale:

Nervöse Beweglichkeit verbreitet Unruhe und Hektik. Es entsteht der Eindruck von Flüchtigkeit und Unkonzentriertheit. Die Kontaktaufnahme kann routinemäßig glatt und unverbindlich wirken, sie zeigt möglicherweise, daß man sich nie für niemanden wirklich interessiert, weil der dauernd bewegte Blick niemanden aufnimmt. Signale von Hektik und Hysterie sind nicht ausgeschlossen.

Vorschlag:

Bei entscheidenden Begegnungen oder Gesprächen muß der Partner das Gefühl von Verläßlichkeit und Zuwendung haben. Also sollten Sie bewußt ruhiger und gerade sitzen und Rückhalt für das Rückgrat haben – das wirkt konzentriert. Beine gelegentlich »anwachsen« lassen. Das Paffen und Ascheabstippen verrät unweigerlich die Nervosität! Vielleicht sollten Sie hinterher rauchen und in solchen Situationen lieber den Blick des Partners suchen, mit interessierter, aber ruhigerer Kopfhaltung. Wenn Sie dann noch den anderen ausreden lassen, und nur durch Blicke und Nicken reagieren, wird die Unterredung positiv verlaufen, denn Sie wirken viel zuverlässiger und werden dadurch bestimmt ernst genommen!

Die Aktive sitzt an Tisch C in der Mitte auf Platz 9.

Warum?

An der Wand, in der Ecke? Nein! Sie will immer rundum aktiv eingreifen können und wird sich an jedem Tisch durchsetzen. Ihr Blick und die angespannte Haltung wenden sich der Tür zu. Der Besonderen zeigt sie halb den Rücken, die linke »kalte Schulter«. Der linke Arm liegt ausgestreckt auf dem Tisch, die Finger trommeln in Richtung des Vielseitigen. Die Beine hat sie leicht gegrätscht und unterm Tisch von sich gestreckt. Der Reiseleiter, der von Tisch zu Tisch geht, wird von ihr am Arm festgehalten und am ausdauerndsten mit Beschlag belegt.

Signale:

Die gespannte Haltung, die leicht gegrätschten Beine = große Wachheit und Aktivität. Der Freiraum wird durch die Beinstellung deutlich vergrößert.

Festhalten am Arm = Anspruch auf Beachtung, ohne Scheu oder Komplexe. Hohe Selbsteinschätzung, Mittelpunktsgefühl, Energie, bestimmen wollen. Es entsteht der Eindruck von Kraft, Kühnheit und Zivilcourage.

Mögliche Negativ-Signale:

Angespannte Haltung und gegrätschte Beine wirken selbstbewußt bis arrogant, was bei anderen Neid und Hemmungen auslösen kann, sogar Angst. Die »kalte Schulter« zur Besonderen zeigt die Abneigung.

Der linke Arm auf dem Tisch mit Trommeln in Richtung zum Vielseitigen sind eine zusätzliche Barriere und ein Abblocken der Person links. Das Trommeln verrät leicht drohende, mühsam beherrschte Ungeduld und gebremste Aktivität, es ist das Einschüchterungsmanöver des Stärkeren. Die Einvernahme des Reiseleiters kann als Überheblichkeit empfunden werden.

Vorschlag:

Versuchen Sie gelegentlich einen Tisch an der Wand. Die Kampfsignale (kalte Schulter und in Schach halten

Kein gegenseitiges Interesse vorhanden.

durch ermahnendes Klopfen) einstellen. Zurücklehnen und »damenhafter« sitzen würden bei Verhandlungen und Bewerbungen den Partnern die Angst nehmen, aufgefressen zu werden. Bitte nicht vergessen: Fast alle Gesprächspartner sind *nicht* so aktiv, so dominant, so beherrschend! Jede Unterredung wird viel harmonischer und positiver verlaufen, wenn die Angst der anderen oder ihre Komplexe gar nicht erst geweckt werden! Der Erfolg wird sich prompt einstellen.

Der Gemütliche hat Platz 11 gewählt. Tisch D ist ziemlich weit in der Ecke, aber Platz 11 ist doch fabelhaft.

Warum?

Er kann hier mit Tisch A und Tisch C Kontakt aufnehmen, ohne daß man ihm auf die Pelle rückt. Er ist gerne gesellig – wenn *er* will! So sitzt er hübsch in der Ecke mit Rückendekkung, zurückgelehnt, die Beine breit geöffnet, aber fest auf dem Boden.

Die Arme hat er verschränkt, die Ellenbogen sind nach außen gewinkelt. Sicher umfriedet behält er alles im Auge.

Signale:

Ein breites Zurücklehnen, breitgeöffnete Beine, verschränkte Arme = scheinbar Urbild der Gemütlichkeit, Kraft, Fülle, Lebensgenuß ohne Hetze. Das wirkt sehr selbstsicher und besitzanzeigend und vermittelt den Eindruck von Geborgenheit, zeigt aber auch, daß man nicht gestört werden will.

Lebensgenuß ohne Hetze. Das Revier ist mit Beinen und Ellenbogen fest markiert. Er strahlt Sinnenfreude ohne Hast und Hektik aus. Bei einer Frau wirkt diese Haltung mütterlich, beim Mann schützend und hat große Anziehung auf Schwächere, Kränkere und Kinder. Auch auf Frauen, die Geborgenheit wünschen und umgekehrt.

Mögliche Negativ-Signale:

Diese Sitzhaltung kann aber genauso Unbewegtheit und eine gewisse Sturheit ausstrahlen. Der meist vorhandene Humor kann sich derb und laut äußern und und den Eindruck von Plumpheit und Klobigkeit, auch auf geistigem Gebiet vermitteln. Durch den massiven Eindruck könnte Angst vor Gewalt und Unnachgiebigkeit ausgelöst werden.

Vorschlag:

Es wäre schade, wenn man bei Gesprächen oder Begegnungen glaubt, nicht den richtigen Partner gefunden zu haben, weil der so unbeweglich ist! Also sollten Sie sich innerlich »schlanker« machen. Zeigen Sie Beweglichkeit in Händen und Armen. Etwas auf der Stuhlkante vorrutschen, mal aufstehen, ruhig mal die Beine überschlagen, und gelegentliche Wendungen mit dem Oberkörper lockern das Unbewegliche auf. Die Handinnenfläche zeigen, dadurch wird der Eindruck des Festhaltens vermieden und bei Gesprächen kann das Gemütvolle und Lebensbejahende viel positiver und eindringlicher zur Geltung kommen.

Der Individualist sitzt auf Platz 12. Dieser Stuhl neben dem Gemütlichen paßt ihm sehr gut.

Warum?

Er geht immer an die Wand, möglichst in die Ecke. Der Gemütliche wird ihn in Ruhe lassen, außerdem ist er von da schnell wieder an der Tür. Er lümmelt sich lässig in seinen Sessel. Die übergeschlagenen gestreckten Beine weisen mit beiden Fußspitzen in den Raum, der Kopf ist in die linke Hand gestützt, als denke er nach. Die rechte hat er in der Hosentasche.

Signale:

Rückendeckung durch die Ecke auf diesem Platz mit Blick zur Tür = direkter *Fluchtweg.*

Gestreckte Beine in den Raum = Fluchtrichtung wird unterstrichen.

Wegwendung vom Partner neben ihm = Raumanspruch.

Linke Hand stützt Kopf auf = Die zum Partner gerich-

»Ich mach mich lang.« ***»Ich mach mich dick.«***

tete Seite wird durch diese »Arm-Mauer« abgeblockt, der Kopf und damit Mund- und Augenkontakt verdeckt. Verbunden mit der lässigen Haltung gibt ihm diese »Denkerpose« etwas Nervös-Sensibles, signalisiert: »Stört mich nicht«. Er selbst kann aber alles beobachten.

Wippen der gestreckten Beine = Elan, innere Ungeduld, starke Motorik.

Rechte Hand in der Tasche = Der Wunsch und Wille aktiv zu sein wird verborgen oder zurückgehalten. All das signalisiert Großzügigkeit, Temperament, Selbstsicherheit, Selbstbestimmtheit, Jugendlichkeit, Lässigkeit und Ungezwungenheit.

Mögliche Negativ-Signale:

Die Sitzhaltung kann Flapsigkeit bis Flegelhaftigkeit verraten, Desinteresse an der Umwelt, Langeweile bis

Arroganz. Es entsteht der Eindruck: »Der ist aber schwierig!« Dabei kann das oft forciert sein aus Ängstlichkeit oder Unsicherheit. Man möchte vielleicht gar nicht als so »anders« auffallen!

Vorschlag:

Wenigstens mit einer Person in Kontakt treten. Nicht alle sind unangenehm! Die gestreckten Beine, die den Freiraum geben, ab und zu einziehen. Zum Partner drehen. Gelegentliches Vorbeugen des Oberkörpers und zugewandte Gesten signalisieren Bereitschaft und eine Wertschätzung des anderen. Die Vorzüge eines »besonderen« Menschen treten viel stärker und positiver in Erscheinung, wenn sie sich nicht *gegen* andere wenden, sondern ihnen *zu*neigen. Durch das unbewußte dauernde »Gegen-den-Strich-Handeln« stößt man viele vor den Kopf, ohne es zu wollen.

»Bin ich nichts wert?«

Die Bescheidene sitzt an Tisch E auf Platz 13. Allein. Sie hat sich gleich dahin begeben, auf kürzestem Wege.

Warum?

Hier sieht sie jeden, der kommt und wird von jedem gesehen. Das hat sie richtig erkannt. Unsere Augen gehen fast immer von links nach rechts, so wie wir auch lesen. Zwei Plätze neben ihr sind frei, sie signalisiert damit den Wunsch, daß sich andere mit an den Tisch setzen. Tief in den Sessel geschmiegt, die Beine sind eng nebeneinander aufgestellt, sitzt sie zwar aufrecht, aber mit leicht geneigtem Kopf. Der Blick ist erwartungsvoll, die Hände liegen im Schoß gefaltet, übereinander, rechts über links. Die Ellenbogen sind eng am Körper.

Signale:

Tief in den Sessel geschmiegt, aufrecht, mit leicht geneigtem Kopf = Geborgenheit und Schutz suchend, eingebettet sein wollen.

Die Hinwendung zur Tür und den freien Stühlen = eine tiefe Du-Sehnsucht und die Hoffnung, trotzdem nicht aufdringlich zu wirken.

Eng aufgestellte Beine = Angst vor einem Ausgeliefertsein und Hemmungen, die oft bei anderen Fürsorge und Beschützerinstinkte wecken können, weil sie stärkere Naturen rühren.

Die eng am Körper liegenden Arme, die im Schoß gefalteten Hände = Erwartung, in sich ruhen. Auch Scheu.

Mögliche Negativ-Signale:

Tief, mit enggeschlossenen Beinen im Sessel sitzen, zeigt Hemmungen, Sprödigkeit bis Prüderie. Kein Temperament. Die überdeutliche Bescheidenheit soll den Eindruck von »Ich bin ja gar nicht wichtig« erwecken. Mauerblümchen-Effekt, der oft Sympathie und Mitleid hervorruft. Was häufig durch gesenkte Augen verstärkt wirkt und dann leicht traurig, resigniert oder deprimiert wirkt. Auf keinen Fall interessant und interessiert. Und das wollen Sie doch sein!

Vorschlag:

Das nächste oder übernächste Mal sollten Sie an einen Tisch gehen, wo schon jemand sitzt. Am besten jemand, der aktiver und lebhafter, vielleicht auch fröhlicher ist als Sie. Auf dessen positive Sätze oder Reaktionen positiv eingehen! Nicht über die fehlende Sonne jammern, auch wenn es regnet. Initiative zu eigenen Gesprächsansätzen zeigen, so signalisiert man die Bereitschaft. Und ruhig mal in die Augen des Gegenübers schauen! Jede freie Minute daheim das Lächeln mit geschlossenen Lippen üben! Das zeigt den Kontaktwunsch. Worte mit Gesten begleiten, das löst die zu enge Haltung auf. Man wirkt nicht mehr verkrampft, und der Eindruck von freundlicher Selbstverständlichkeit und Bescheidenheit wird ungemein positiv bei Begegnungen und Gesprächen aufgenommen!

Wir verlassen unsere Reisegruppe und merken uns noch einige Sitzpositionen.

Sie sind von Wichtigkeit

a. wenn jemand im Gespräch *plötzlich* seine Stellung ändert

b. wenn jemand diese Stellung *sehr oft* ändert.

Ist man allein, sind alle Positionen von geringer Aussage, es sei denn, man stellt bei sich selbst eine typische, eine ungewohnte, eine besonders auffallende Position fest, die man häufig einnimmt.

Beispiel: Eine Kursteilnehmerin pflegte bei fast allen freundschaftlichen und harmonischen Unterhaltungen mit überkreuzten Beinen dazustehen, die Füße fast parallell nebeneinander seitlich wegstrebend. Auf diese an sich abwehrende Verriegelung angesprochen, erzählte sie, dies sei seit ihrer frühen Kindheit ihre Ausruhstellung, weil sie das jahrelang beim Ballettunterricht so gewohnt war.

Kniend auf den Fersen sitzen: Unfähig zum Weglaufen, freiwillig passiv, aber auch: furchtlos, vertrauend, gelöst, bereit aufzuschauen.

Knien mit nach vorne gebeugtem Oberkörper: Demut, Dienen, Unterwerfung.

Knien mit aufrechtem Oberkörper: Bewegungsunfähig, gewillt zu verharren, bei erhobenem Kopf große geistige und seelische Konzentration.

Knien mit aufrechtem Oberkörper und gesenktem Kopf: Beten, Zuhören. Konzentration, Meditation, Bereitschaft in sich zu gehen.

Sitzen auf dem Boden, weggestreckte Beine, rückwärts aufgestützte Hände: Offen, aufnahmebereit, furchtlos, fröhlich und gemütlich, selbstbewußt.

Sitzen auf dem Boden mit angezogenen Knien, Kopf darauf stützen, Arme umschlingen die Beine: Keine Ablenkung durch Bewegung, Geschlossenheit, Konzentration, bei sich sein. Die angezogenen Beine sind ein Schutzwall: Kommt mir nicht zu nahe! Ich will nicht gestört werden!

Sitzen mit breiter Fläche auf dem Stuhl, an Rücken- und Armlehne kleben: Unbedingter Platzanspruch. Sicherheit und Schutz um sich aufbauend. Starke Dominanz, Beharrlichkeit bis Dickfelligkeit,

– verbunden mit Beinverriegelung an den Stuhlbeinen, womit man automatisch vorrückt: Festklammern, Unsicherheit, Eigensinn, Angst.

– verbunden mit einer Neigung des Oberkörpers nach vorn: Angst, Aufregung (beim Arzt, bei Verhören).

Sitzen auf dem Stuhl mit fest an oder um den Körper gelegten Armen: Sich bewahren, Unsicherheit, Bockigkeit. Sich schützen, andere abblocken.

Sitzen mit festgeschlossenen Beinen, oft im Knöchel überkreuzte Füße: Damenhaftigkeit, Anmut, Distanz, Reserve. Bei Übertreibung Prüderie.

Sitzen mit übergeschlagenen Beinen: Sichere (und häufigste) Ausgangsposition, da man sich einerseits bewahrt, und die Beine schützend vor den Körper stellt, gleichzeitig durch die gezielte Richtung der Beine und der Fußspitze zum Partner Kontakt aufnimmt. Zuwendung, wenn sich Beine und Fußspitze zum Partner neigen.

Sitzen mit ausgestreckten Beinen: Raumanspruch. Abwehr-Signale für andere. Arroganz, Unsicherheit, Provokation.

Sitzen mit gestreckten, weit gegrätschten Beinen: Raumanspruch, Lässigkeit bis Wurstigkeit. Zur Schau gestelltes Behagen, Überbetonung der eigenen Person. Bei Jugendlichen häufig verbunden mit Provokation.

Sitzen mit einem quergelegten Bein, dessen Knöchel auf dem Knie des anderen Beins ruht: Aktive männliche Haltung, Barriere vor sich, meist zusätzlich unterstützt durch *nach außen gewinkelte Arme, die das Bein umklammern:* Aggression, auch sehr positiv erotisch. Mut, Verstärkung und Verbreiterung der eigenen Person mit Kraft und Energie. Position nur mit Hosen möglich.

– mit rechtem, quergelegten Bein unter das Knie des linken Beines: Lockere, passive, gelöste Haltung, sehr weiblich und graziös. Gefühlvoll, da rechtes Bein (bewußte Seite) sozusagen vom Unbewußten (linke Seite) verdeckt und gefesselt wird.

Sitzen mit einem Bein vor, einem zurück, bei vorgeneigtem Oberkörper: Schrittstellung, auf dem Sprung sein. Eile, Aktivität, Unruhe bis Unsicherheit und Angst. Fluchtposition.

– mit zurückgelehntem Oberkörper: Beherrschte Spannung, gebremste Aktivität, Vorsicht, Bewegtheit.

Häufiger Stellungswechsel beim Sitzen: Unruhe, Bewegtheit, Engagiertsein. Wechselnde Impulse. Sich auch bei Langeweile dauernd zum Interesse zwingen. Ablenkbarkeit, Unkonzentriertheit bis Nichtachtung für das Gegenüber. Meist typisch für den *beweglichen Menschen.*

Seltener Stellungswechsel beim Sitzen: Je *statischer* der Mensch, um so mehr ist der Stellungswechsel mit einem Entschluß, einem Einfall oder einer positiven oder negativen Emotion verbunden. Im Zwiegespräch, während der andere redet, zeigt es fast immer einen neuen Gedanken oder eine Antwortbereitschaft an. Es ist empfehlenswert, diesen Impuls aufzunehmen.

Arme:

Je weiter und größer sich der Gestenradius nach oben und zu den Seiten ausdehnt, um so größerer Raumanspruch. Selbstsicherheit bis Übertreibung. Schwung, Mut bis Übermut und Geltungsdrang. Fahrige Gesten verraten meist Nervosität und Unkonzentriertheit.

Je lockerer, leichter und bewegter die Hände und Arme sind, um so aufnahmebereiter im Geben und Nehmen ist der Mensch, um so bewegter sind meist seine Emotionen. Aber um so leichter zerfließt es ihm auch unter den Fingern oder gleitet wieder von ihm weg.

Wenn sich nur die Hände und Arme viel bewegen, Oberkörper und Beine aber statisch und starr bleiben, dann will der Mensch mehr aktivieren und versprechen, als er halten kann.

Je fester und enger die Arme anliegen, um so mehr Halt und Festigkeit hat der Mensch in sich. Konzentration, aber auch Unbewegtheit, Hemmung, Starrköpfigkeit und Nichtnachgeben-wollen können sich bemerkbar machen, auch die Schwierigkeiten, Emotionen zu zeigen.

Sparsame Gesten können etwas sehr Endgültiges haben. Ein Ja ist dann wirklich ein Ja, ein Nein ist kaum umzustoßen.

Ruhige Bewegungen sind vertraueneinflößend und überzeugend.

Fest und unnachgiebig verschränkte Hände oder geballte Fäuste wirken bedrohend.

Der Tisch als Hühnerleiter

Die Hackordnung

Der *runde Tisch* vereint nur scheinbar alle gleichberechtigt in der Runde. Einer ist immer die führende, die wichtige oder die impulsgebende Person. Wo die sich hinsetzt, ist immer »oben«. Nehmen Sie eine Tarifverhandlung zwi-

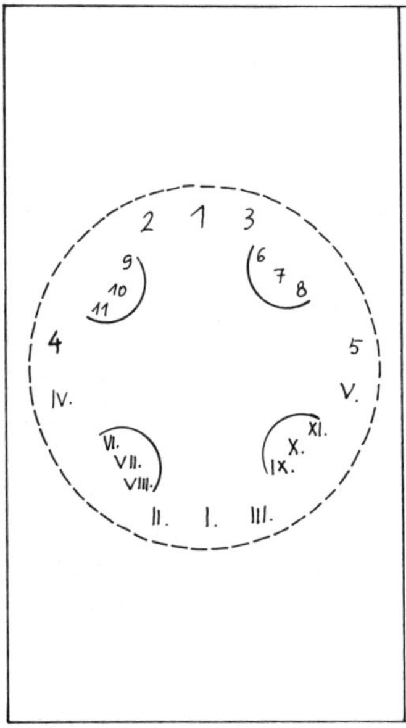

Der runde Tisch

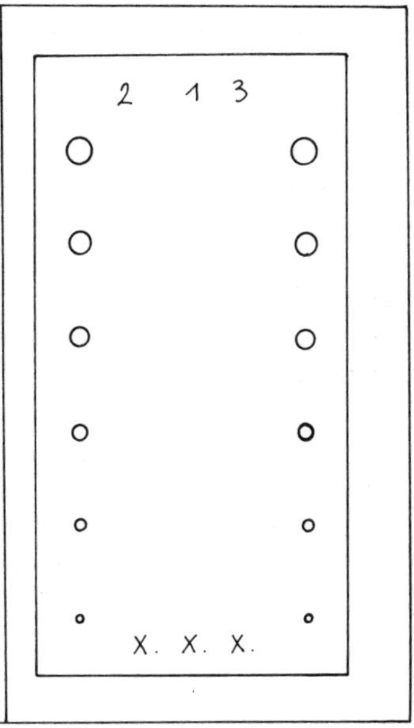

Der rechteckige Tisch

schen Arbeitgebern und Gewerkschaftsvertretern. Im Prinzip sieht das so aus:

Nr. 1 ist der Firmenchef – wo er auch sitzt. Links und rechts seine Sekretäre, Berater, Adjutanten, seine »rechte und linke Hand«. Der Gegner – der Gewerkschaftsführer – wird sich mit seinen Vertrauten in der Opposition genauso hinsetzen.

Die Schiedsrichter, die Vermittler oder die Rechtsbeistände werden zwischen den Parteien sitzen, als Prellböcke. Alle anderen der einen oder anderen Seite werden jeweils die Nähe ihrer Gruppe suchen. So rund ist der runde Tisch also gar nicht!

Wir nehmen den *rechteckigen Tisch.*

Besprechung in einer Firma. Sie werden oben an der Schmalseite den Boss finden, flankiert von denen, die über alles Bescheid wissen. Mit sich abschwächender Wichtigkeit folgen die anderen an den Längsseiten. An der unteren Schmalseite sitzen auch immer wichtige Leute: Entweder die Ausführenden oder die stummen Gegner.

Man kann in einer Firma oder bei Familienfesten, offiziellen Anlässen auch den breiten, rechteckigen Tisch benutzen. Wer dies wählt, ist kontaktfreudiger, direkter, auch angriffslustiger. Man will einander ins Auge sehen, spontane Worte wechseln. Ein Staatsbesuch – so gestaltet – soll ein persönliches Verhältnis vermitteln. Hier sitzen sich die wichtigen Personen 1, 2, 3 bestimmt an der Breitseite gegenüber mit den ebenfalls wichtigen Personen I, II, III; auf jeden Fall bei guter Beziehung.

Bei gespannten oder aggressiven Beziehungen haben die Kontrahenten so eine gezielte gegenseitige Kontrolle.

Wir haben also jedesmal eine Gegnerschaft, eine Opposition, die zwar die größte Spannung, aber auch die vollwertigste Ergänzung in sich birgt.

Sehr beliebt ist besonders bei Festen *der U-förmige Tisch.* Der Jubilar oder das Paar in der Mitte der Längsseite, und je nach Wichtigkeit die Verwandten: Eltern und Schwiegereltern, Pfarrer, Paten. Die Eckpunkte 8 und 7 sind meist recht wichtig. Es müssen ja Kontaktleute zu den anderen Teilen des Tisches sein. Günstig sind dafür Geschwister oder Onkel

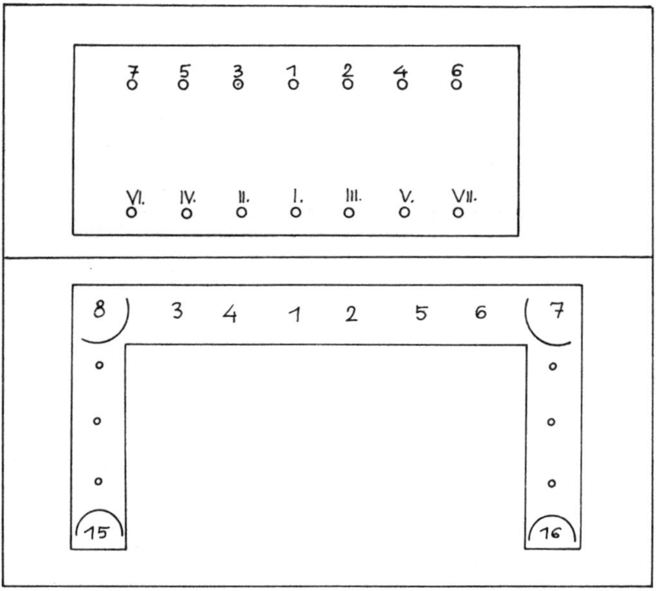

Der breite rechteckige Tisch ***Der U-förmige Tisch***

und Tanten der Hauptpersonen, die viele der Anwesenden kennen. Dann verläuft die Tafel meist in Unwichtigkeit. Das ist nicht sehr diplomatisch! Man kann sich zurückgesetzt fühlen! Und gerade die Eckpunkte können sehr zum Erfolg so einer Runde beitragen (15, 16), als Prellböcke, Kontakter zur Umwelt (Kellner), Verabschieder und Begrüßer. Es ist vorteilhaft, hier gute Bekannte hinzusetzen, mit denen man von der Mitte aus in steter Beziehung stehen kann.

Der *normale Familieneßtisch:* Meistens nimmt ein Elternteil ein Kind unter seine Fittiche, die Mutter hat den kürzesten Weg zur Küche, der Vater den geschütztesten Platz. Ob sich die Eltern wie die Kinder gegenüber oder über Eck sitzen, wird meist nach praktischen Voraussetzungen geregelt und ob sich die Kinder gut vertragen.

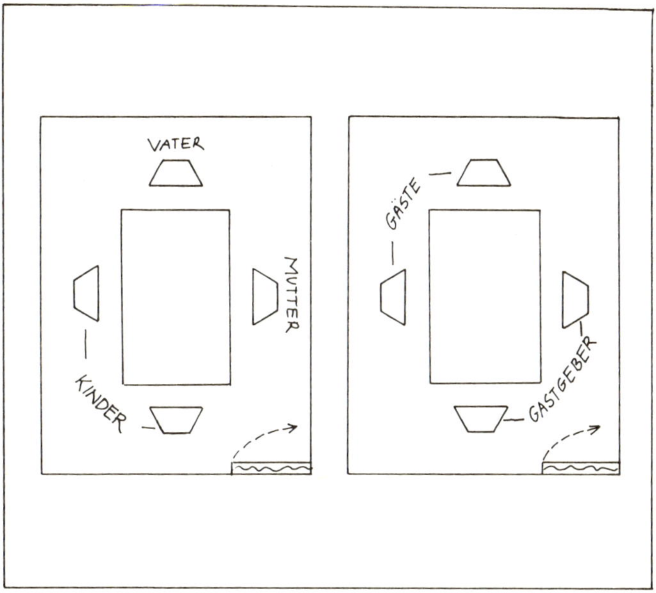

Familientisch ***Gäste***

Bei Besuch von anderen Ehepaaren (ohne Kinder) ergibt sich – falls die Plätze nicht angewiesen werden, weil das »Vaters Platz« oder »Mutters Stuhl« ist – meist diese Gruppierung:

Das Gastpaar sitzt möglichst nicht im Weg, deshalb an der Wand und in der Ecke. Der Weg zur Küche bleibt für den Gastgeber (Getränke) und die Gastgeberin (Essen) frei.

Interessant ist allerdings – wenn das Besucherpaar nicht zum ersten Mal kommt –, wo er und wo sie sich hinsetzen!

Sitzt die Besucherin neben der Gastgeberin und ihrem Ehemann, will sie garantiert mit dieser mal dazwischen allein reden, wenn die Männer das Thema Fußball oder Auto anschneiden. Sitzen sich die Männer und die Frauen gegenüber, ist das sicherlich mehr ein Vierergespräch, und die Gewichte des Gedankenaustauschs gleichmäßig verteilt. (Es sei denn, zwei beginnen zu flirten, aber das ist eine andere Sache.)

Der kleine Tisch mit dem Gespräch über Eck ist die günstigste Form der vertraulichen Kommunikation oder der beruflichen Besprechung. Er kann eckig oder rund sein.

Bei geschäftlichen Verhandlungen ist diese Gruppierung sehr beliebt. Sie erlaubt ein allmähliches Zueinanderkommen. Der einander zugewendete Oberkörper und Kopf, die meist zueinander übergeschlagenen oder zueinander weisenden Beine bilden Brücken. Die Hände, die sich über den Tisch aufeinander zu bewegen können, ebenfalls.

Die Schranken der vorderen Tischbeine sowie die Tischplatte erlauben ein unauffälliges und nicht zu abruptes Zurückziehen auf den Stuhl, ein Zurücklehnen, falls das Gespräch nicht so verläuft, wie man es sich wünscht. Diese Sitzgruppe gibt beiden gleiche Chancen und Voraussetzungen, sie gibt eine gewisse Sicherheit und Gleichstellung und schafft eine faire Basis.

Die Sitzgruppe im Büro
Auch diese Form ist sehr beliebt vor allem in größeren Räumen. Allerdings ist die Zu- oder Abwendung zum Partner sehr viel deutlicher als bei der vorangegangenen Figur.

Ein Beispiel mit fünf Varianten: Chef empfängt Besucher.

Achtung! Wie und wo befindet sich diese Ecke? Sie sehen links die Tür, hinter Platz D ist ein Fenster. Wichtig für den Lichteinfall, wichtig für den Blick auf die Sekretärin und den Abgang.

1. Sitzen Chef und Besucher auf D und B, beide mit dem Rücken zur Wand und dadurch beide geschützt, ist das fair und wirkt vertraulich. Der etwas bessere Platz ist D, denn das Licht fällt auf B, aber der Unterschied ist gering. Der

Tisch und beidseitig ein Stuhl schirmen beide gegen die Umwelt ab, beider Rücken ist geschützt.

2. Sitzt der Besucher auf D, mit dem Rücken zur Wand, und der Chef auf C, dann will der deutlich zeigen, daß er der Herr des Raumes ist. Er braucht keinerlei Schutz, doch er kann auch rasch zur Tür gehen. Dies würde signalisieren, daß er lieber ein kurzes Gespräch wünscht. Der Besucher auf D kann sich dadurch leicht bedrängt fühlen, das löst bei ihm Unsicherheit aus, sogar Ängste. Das könnte bezweckt sein. Aber wenn man das sieht und weiß, ist man gewappnet, und wird nicht so leicht die Nerven verlieren.

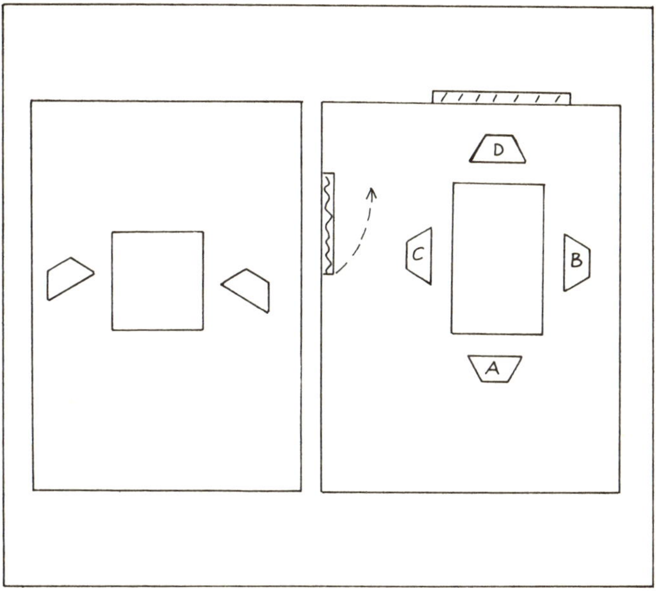

Die kleine Sitzgruppe ***Die Sitzgruppe im Büro***

3. Der Chef führt den Besucher zu C und setzt sich selbst auf B. Der Besucher auf C hat nichts im Rücken, und das in einem fremden Raum! Der Chef dagegen ist auf B völlig geschützt und sieht, ob die Sekretärin ihm an der Tür

Zeichen gibt, was der Besucher auf C nicht sieht. Er fühlt sich unsicher und vielleicht bedroht. Zusätzlich hat der Chef den Tisch vor sich, die Wand hinter sich, und rechts zwei leere Stühle als Prellböcke. Soviel Schutzwall im eigenen Haus kann manchmal mangelnde eigene Härte verraten. Man will ganz besonders dominant wirken, deshalb ist so eine große Distanz notwendig. Übertreibung ist meistens ein Zeichen von Unsicherheit.

4. Der Chef auf A, der Besucher auf D – sehr große Distanz, direkte Konfrontation Auge in Auge. Positiv zu werten: Das Licht fällt auf den Chef, er hat also Mut und nichts zu verbergen. Er zeigt dominierend an, wie er den ganzen Raum und die Tür beherrscht. Der Besucher wird etwas an die Wand gedrückt. Der Chef wird dreimal so groß und mutig, weil er im Licht sitzt. Eher schüchterne Besucher mögen sich an der Wand ganz wohl fühlen. Dann sollten sie aber – so geschützt – doppelten Mut entwickeln!

5. Sitzt der Chef auf D und der Besucher auf A, dann hat sich der Chef eher in Deckung und Reserve begeben und blockt sich ab. Außerdem sitzt der Besucher hell im Licht, weit von ihm mitten im fremden Raum. Die versteckte Absicht, den Besucher herauszufordern und zu testen, ist wahrscheinlich. Achtung! Hier ist es besonders wichtig, keine nervöse Rückenangst zu zeigen, die Hände gut unter Kontrolle zu haben und den Blick gerade auf das Gesicht des Chefs zu richten, auch wenn der Augenkontakt wegen des Lichteinfalls schwerer herzustellen ist.

> Diese fünf möglichen Varianten sind alle in den Büros erprobt und werden mit Vergnügen angewendet, um Bittsteller oder Besucher zu irritieren, zu schwächen und sich selbst in die bessere Ausgangslage zu bringen – allerdings auch um sich abzuschirmen, abzusichern und vor Zudringlichkeit zu bewahren.

Vorschlag: Sie sind der Besucher, der Bittsteller, der Anbietende, also von Anfang an wollen Sie etwas. Natürlich sind Sie aufgeregt. Trotzdem: Wenn sie zur Sitzecke gebeten werden, zwei, drei Übergangssätze sind immer möglich, vielleicht sogar eine Wendung, ein momentanes Stehen. Sagen Sie zum Beispiel: »Es ist angenehm warm hier, oder angenehm kühl, oder schön trocken nach der Fahrt im Regen«. (Vorher überlegen!) Sehen Sie sich dabei um. Diese Zeit bleibt Ihnen. Dabei registrieren Sie, in welche Position Sie gesetzt werden. Dann können Sie blitzschnell einordnen:

Drängt er mich ab? Will er mich einschüchtern, einengen?

Ist er selbstsicher und partnerschaftlich eingestellt?

Braucht er selbst die Verschanzung, die Barrieren, die Lichtdeckung, um stark zu sein?

Sie werden sicherer und mutiger, wenn Sie diese Zusammenhänge durchschauen, und dadurch haben Sie mehr Erfolg!

Direkte Signale an die Umwelt

4. Eine Rundfahrt im Bus

Am nächsten Morgen geht die Fahrt unserer Reisegruppe los. Die Koffer stehen vor der Hoteltür, das Frühstück ist vorbei, fast alle Gäste stehen bereits wartend auf der Straße. Der Bus fährt vor, der Fahrer öffnet die Tür. *Erfahrungsgemäß behält man den Platz, den man am ersten Tag einnimmt.* Darauf haben sich einige eingestellt.

Bei Fahrten, wo es mehr Plätze im Bus als Teilnehmer gibt, gehen fast alle Personen einzeln in eine Reihe. Ausgenommen Ehepaare, Freundinnen, Eltern/Kinder usw. Sie sitzen zuerst immer zusammen, oft bis zum Ende der Reise. Ab und zu bezieht der eine oder andere zwischendurch eine eigene freie Reihe, um zu lesen, zu schlafen oder um bequemer zu sitzen.

In unserem Fall versuchten sich natürlich alle in eine eigene Reihe zu setzen. Man kannte sich noch nicht, und es gab genug Plätze.

Der Einzelplatz ist für den Reiseleiter bestimmt.

In der ersten Reihe hinter dem Reiseleiter hat – sofort als erster in den Bus springend – der Individualist den Fensterplatz belegt. ①

Warum?

Der *Individualist* will nicht so sein wie die anderen. Es macht ihm sogar Spaß, die anderen zu ärgern. Indem er sich isoliert, sieht er etwas auf alle herab, die sich im schmalen Gang an ihm vorbeidrängen. Er läßt sie »Revue passieren«, und signalisiert ihnen noch dazu etwas schadenfroh und heimlich triumphierend: »Ich hab den besten Platz!«

Die Sitzordnung im Bus

Außerdem zeigt er Durchsetzungsvermögen und deutliche Abwehr der anderen durch das Gepäck auf dem Nebenplatz.

Mögliche Signalwirkung:

Neid bei anderen, Ärger über die eigene Umständlichkeit oder darüber, aus Rücksichtnahme nicht gedrängelt zu haben, unbewußte Wut, daß man selbst nicht den besten Platz ergattert hat.

Hinter dem Fahrer sitzt *die Aktive.*②

Warum?

Sie ist auch ziemlich schnell und vorwärtsdrängelnd eingestiegen. Erste Reihe – das liegt ihr! Der Platz neben ihr ist frei. Sie sieht die vorbeigehenden Reisenden auch durchaus aktiv und aufmunternd an. Es würde sie nicht stören, wenn jemand zu ihr kommt.

Keiner tut es. Der zum Gang vorgeneigte Oberkörper, die Arme auf den Lehnen der Sitze weit ausgebreitet – nein, da will niemand gedrückt oder gepackt werden. Jeder strebt weiter. Sie will vorne sitzen, alles genau sehen, mit Fahrer und Reiseleiter reden. Das zeigt Aktivität, Handlungswillen, Führungsanspruch, eigene starke Selbsteinschätzung

Mögliche Signalwirkung:

Aufdringlichkeit, Diktatur, Beherrschenwollen. Das kann Angst- und Fluchtimpulse bei anderen auslösen, auch Antipathie.

Der Gemütliche war übrigens auch ziemlich schnell an der Tür. Gelegentlich entwickelt er Ellenbogen und Stoßenergie, um nachher ungestört zu sein. Die ersten Reihen sind schon besetzt? Gut, er geht nach hinten.

Warum?

Da ist noch alles frei. Die Mütze auf dem Nebensitz signalisiert: Hier soll sich möglichst keiner hinsetzen! Er verschränkt die Arme über der Brust und stemmt sie in Richtung Gang. Die Beine auch. Jeder würde sich hier etwas beengt fühlen. ③

Mögliche Signalwirkung:

Keiner mißgönnt ihm den Platz, der ist ja irgendwo hinten. Er strahlt zwar aus: »Hier sitze ich gut und gemütlich«, aber alle freien Plätze vor, hinter und neben ihm laden die anderen eher ein. Er beansprucht seinen Platz, aber keinen besonderen. Das erweckt Zutrauen, eine reservierte Kontaktbereitschaft, eine gewisse Solidarität mit anderen.

Prompt geht die *Zuverlässige* auf den Platz vor ihm. ④

Warum?

Von da aus kann man rundum gut sehen. Die erste Reihe wäre ihr nie in den Sinn gekommen. Außerdem weiß sie, wer hinter ihr sitzt. Sehr beruhigend. Die Handtasche steht auf den Knien, die Knie sind geschlossen, die Arme umschließen die Tasche. Wer auf dem Gang vorbeigeht, interessiert sie im Moment nicht.

Mögliche Signalwirkung:

> Keine Öffnung oder Einladung zum Gang heißt: »Ich bin ganz gerne so für mich.« Es wirkt nicht gesellig oder gesprächsbereit. Man kann also ebensogut allein sitzen. Aber sie stört niemanden und drängt sich nicht auf.

Der Optimist hat natürlich gleich an der Bustür *die Sensible* ins Schlepptau genommen, und mit schwungvoller Geste läßt er sie einsteigen. Diesmal ist sie also vorne, huscht sofort am Individualisten und der Aktiven vorbei. Erste Reihe? Entsetzlich! Zur Zuverlässigen? Nein. Zum Gemütlichen? Nein. Aber da hinten! Wunderschön – eine Ecke, Rückenschutz! Sie schmiegt sich in die letzte Reihe. Da kann einen doch kein Hintermann nervös machen. Und sehen kann man genausogut. ⑤

Mögliche Signalwirkung:

> Absolutes Schutz-, ja Verkriechbedürfnis. Unterspielen der eigenen Person, um nicht aufzufallen. Aber auch: Hier hinten könnte ich tun und lassen, was ich will, keiner sieht es! Aber wer dreht sich schon dauernd nach jemandem um? Die Gefahr bei soviel Deckungssuche ist das Desinteresse der anderen. Am Schluß der Reise könnten sie sagen: Wie sah die eigentlich aus? Ist die überhaupt noch da?

Der Optimist ist hinter der Sensiblen eingesteigen. Eigentlich will er gar nicht in die letzte Reihe! Aber er hat neben seiner Aktentasche und seinem Mantel auch noch ihren Schirm und ein Köfferchen getragen – also folgt er ihr. Sie nimmt ihm dankbar nickend beides ab und legt es auf den

Platz neben sich. Er schaut sich um – links, rechts – und setzt sich auf den Mittelplatz letzte Reihe. ⑥

Warum?

Mögliche Signalwirkung:

Hier kann er den ganzen Bus übersehen, und alle sehen ihn beim Hereinkommen. Platz für seine Sachen hat er auch, denn damit nimmt er optisch die gesamte Rücksitzfläche ein. In der Mitte sitzend lockt er aber gleichzeitig Leute nach hinten. Er ist zu beiden Reihen vor ihm beweglich und kann mit den Leuten reden. Einige werden diese Signale sicher gern aufnehmen, weil sie sich Kontakt und Fröhlichkeit versprechen. Dazu ist er auch – auf diesem Platz sitzend – bereit!

Inzwischen sind die Besondere und der Tolerante eingestiegen.

Der Tolerante zuerst. Er sichtet die Lage: Die ersten beiden Reihen übergeht er. Nein, zu sehr im Blickfeld. Eine Reihe Abstand halten ist immer gut. Dritte Reihe? Na prächtig! Links und rechts frei! Er setzt sich auf den Eckplatz zum Gang, schmeißt seinen Mantel auf den Fensterplatz neben sich. ⑦ Dann dreht er sich um und offeriert der Besonderen den Eck-Gangplatz der gleichen Reihe.

Der Besonderen gefällt der Platz sehr gut. Vor ihr frei, hinter ihr frei, neben ihr nur durch den Gang getrennt der charmante Bewunderer. Sie drapiert Mantel und Schminkkoffer auf den danebenliegenden Fensterplatz und klappt die Lehne dazwischen hoch. So ist es angenehm. ⑧

Warum wählte er für sie beide diese Plätze und warum war sie einverstanden?

Mit seinem sicheren, sich anpassenden Instinkt weiß *er*, wo sie »thronen« kann, und daß sie Raum um sich braucht. Gleichzeitig schafft diese Reihe auch Abstand zu den anderen. *Sie* markiert durch Belegen beider Plätze und durch Hochheben der Armlehne, daß da niemand mehr sitzen kann.

Mögliche Signalwirkung:

Die wollen wohl zusammenbleiben! Der Gang dazwischen ist ja offensichtlich nur eine Tarnung! Aus dieser Erotikzone zieht man sich am besten zurück – oder man setzt sich so, daß man sie beobachten kann, ohne selbst gesehen zu werden. Belustigung, Naserümpfen, peinliches Berührtsein über diese deutlich zur Schau gestellte heftige Anziehung sind sehr oft verbunden mit Neid, daß man nicht auch so sein kann oder Komplexen, daß man selbst nie so etwas erlebt. Schon schleicht sich eine Abwehr gegen die Bevorzugte ein (derselbe Prozeß bei den Männern). Spöttische Blicke von oben herab, verächtlich gekräuselte oder verkniffene Lippen. Dadurch wird die von den beiden heimlich erhoffte Isolation von der Gruppe aus ganz anderen Gründen unterstützt.

Mögliche Signalwirkung dieser Sitzposition im Normalfall:

Der Tolerante: Etwas überhebliche Distanz zu den anderen. Bei langen Beinen kann man das linke Bein in den Gang stellen, auch die Schlafhaltung ist – dem Fenster zugewendet – auf zwei Plätzen bequemer. Man hat keinen Partner neben sich, mit dem man Kontakt aufnehmen muß. Über den Gang hinweg kann man unverbindlich ein paar Worte wechseln oder auch nicht.

Die Besondere: Belegen beider Plätze, Hochrichten der Armlehne und Markierung durch Mantel und Schminkkoffer: Selbstbewußter bis ablehnender Revieranspruch, deutliche Signale des Nicht-reden-Wollens, auch des Nicht-gestört-sein-Wollens. Wenn man selbst es will, besteht allerdings die Möglichkeit von der Gangposition aus Kontakt zu den Reihen gegenüber aufnehmen.

Wichtiger Einschub!

> Wie bereits bei den Sitzpositionen erläutert: Wenn der »Blitz einschlägt«, werden alle Positionen erotische Signale. Glücklicherweise befinden wir uns in diesem Zustand außerhalb jeder gedanklichen Kontrolle. Die Bedeutung, ja die Kenntnis dieser Signale versinkt ins Unbewußte, bis es bei einer neuen erotischen Begegnung ungetrübt und frisch wieder erwacht.

In unserem Fall also:

Erotische Signalwirkung:

Der Tolerante: »Ich habe Sie auf einen Thron gesetzt, aber so, daß uns niemand sehen kann! Was interessiert mich Paris! *Sie* will ich ansehen!« Sein Oberkörper neigt sich ihr zu, seine in den Gang hinein übergeschlagenen Beine signalisieren mit wippender Fußspitze in Richtung ihrer Knie deutlich das Ziel seines erotischen Angriffs. Seine Blicke »fressen« sie auf. Aber – wer sieht das schon im Sichtschutz der Nackenstützen?

Die Besondere: »Natürlich will ich einen Flirt! Die Armlehne habe ich runtergeklappt, damit auf keinen Fall jemand in mein Jagdrevier einschleicht. Ich kann dicht heranrücken und die Blicke erwidern – oder mich in die Ecke zurückziehen, wie ich will!« Sie dreht und wendet sich auf ihrem Platz mal zur Seite, mal nach vorn – er soll sie nur recht deutlich betrachten! Schlägt die Beine mal links, mal rechts übereinander – verrät ihm damit ihre Erregung und Ungeduld. Lächelt, befeuchtet die Lippen, weil dies alles ihr soo gut schmeckt! Wer sieht das schon im Sichtschutz der Nackenstützen?

Die Zutrauliche ist eingestiegen. Flink mustert sie die ersten Reihen. Dann setzt sie sich in die vorletzte Reihe, Fensterplatz. ⑨

Warum?

Den Optimisten in der letzten Reihe kann man mal was fragen, von diesem Platz aus ist alles gut beobachten. Sie pickt mit dem Kopf zu ihm hin, auch zum Gemütlichen in der gleichen Reihe. Kopf und Schultern beugt sie in den Gang hinein, vielleicht setzt sich jemand zu ihr?

Mögliche Signalwirkung:

Unruhiges Sichten und Suchen zeigt, daß man nicht gern allein bleibt. Ruheliebende schauen ostentativ weg – wie der Gemütliche. Außerdem merkt sie nicht, daß sie mit sich selbst redet. »Ach, hier ist ja schon … mächtig eng der Gang …«, signalisiert, daß sie redet um des Redens willen, ohne zuzuhören. Man hat Angst, daß sie einem auf die Pelle rückt, auch wenn sie einem leid tut.

Der Umsichtige ist schnell eingestiegen. Er drängelt nicht, aber wo eine Lücke entsteht, hat er prompt den Fuß zwischen der Tür. Die beiden ersten Reihen sind besetzt. Aber zweite Reihe, Gang! Vorzüglich! ⑩

Warum?

Er liest gerne Orts- und Kilometerschilder und möchte auf den Tacho schauen, auch sucht er Kontakt zu Reiseleiter und Fahrer. Reiseführer und Landkarten legt er neben sich. Sie signalisieren den anderen: Ich weiß alles und gebe auch gerne Auskunft.

Mögliche Signalwirkung:

Sicher, bestimmt, zuverlässig. Der weiß, ob alle im Bus sind. Nicht abweisend, aber auch nicht einladend. Die knappen Gesten und seine ruhige Haltung flößen Vertrauen ein. Allerdings besteht die Gefahr, daß er besserwisserisch und belehrend wirkt.

Die Bescheidene wäre sicher wieder als letzte eingesteigen, aber da der Vielseitige etwas vergessen hatte, geht sie nun betont langsam, kaum aufsehend durch den Gang. Jeder Platz ist ihr recht.

Warum?

Mögliche Signalwirkung:

Resignierte Duldermiene und leise Unauffälligkeit betonen, daß sie das Drängeln unwürdig findet. Schlurfende Schritte, die zusammengesunkene Gestalt und der gesenkte Kopf reizen die Geduld der anderen! Gleichzeitig signalisiert sie damit: »Könnte mir Armen vielleicht jemand helfen?« Der Umsichtige zeigt sofort nach hinten, der Tolerante läßt sie ebenfalls mit einladender Geste nach hinten durch. Der Optimist und die Zutrauliche zeigen lebhaft auf die zwei leeren Sitze vor sich. Mit Dankesnicken setzt sie sich in die Reihe vor die Zutrauliche. Ihre Märtyrersignale haben Kontakt geschaffen. Sie hat Aufmerksamkeit erweckt! ⑪

Der Fahrer hupt.

Wer fehlt noch?

Der Vielseitige fegt um die Ecke. Er stürzt in den Bus und setzt sich sofort außer Atem neben den Individualisten, der energisch »Besetzt« andeutet. Der Vielseitige springt auf, zuckt vor der Aktiven zurück. Der Umsichtige dirigiert ihn nach hinten, der Optimist weist nach vorn. Ohne viel hin- und herzusehen setzt er sich hinter die Besondere.

Warum? ⑫

Mögliche Signalwirkung:

Es ist ihm peinlich, daß immer alle auf ihn warten müssen. Er kommt immer zu spät. Das macht ihn fahrig. Andererseits kichert er innerlich darüber, schneidet Grimassen, bringt die anderen zum Lachen, erregt dadurch Aufmerksamkeit und ist beliebt. Meistens! Ihm ist es egal, wo er sitzt. Er spricht mal den, mal jenen an, macht Besuche in anderen Reihen. Da sie kurz und manchmal sogar vergnüglich sind, hat man nichts dagegen. Dauern sie länger, kann man ihn als lästigen Schwätzer empfinden.

Der Bus fährt ab, die Fahrt beginnt.

Wir erkennen eine gewisse Hackordnung:

> Die Superaktiven, Schnellen, Resoluten und Rücksichtslosen sichern sich die vorderen Plätze. Sie sind im Vorteil. Das ärgert oft die, die sich immer zurückdrängen lassen. Das ist den ersten Reihen egal. Sie sind meist um den Reiseleiter herum, nehmen als erste die Eintrittskarten in Empfang, und während der noch die Gründungsgeschichte des Schlosses erzählt, sind sie schon im Krönungssaal gelandet.
> Diese Dynamik wird von den Passiveren, Gelassenen, Bescheidenen und Trägeren beneidet und bespöttelt. Andererseits brauchen sie den resoluten und entscheidungsfrohen Antrieb dieser Charaktere, um selbst angesteckt und mitgerissen zu werden. So ungern sind sie gar nicht im Schlepptau! Im Windschatten kommt man nämlich fast genauso schnell, aber hübsch abgedeckt und ohne eigenes Risiko voran!

Wo *sitzen* Sie normalerweise in einem Bus?
Wo *würden* Sie gerne sitzen?
(Manchmal ist das ein Unterschied!)

Unsere Hand zeigt unser Handeln

5. Begrüßungen

Unsere Reisegesellschaft ist schon vier Tage unterwegs. Kontakte sind geknüpft, Antipathien und Sympathien sind deutlicher geworden. Erste Unsicherheits- oder Aufregungsübertreibungen haben sich abgeschliffen. Ausnahmsweise haben alle heute das Frühstück auf den Zimmern eingenommen. Man trifft sich morgens an der Rezeption. Ein größerer Ausflug ist geplant.

Was zeigt uns eine Begrüßung? Denken Sie an unsere Ich- und Du-Zone und an den Zwischenbereich außerhalb unserer Ich-Zone, in dem sich unsere Hände treffen.

Die Zutrauliche hüpft aus dem Aufzug.

Der Gemütliche kommt gerade die Treppe herunter. Mit gestrecktem Arm und nach oben geöffneter Handfläche begrüßt er sie. Sie ergreift erfreut seine Hand. Ihr Arm bleibt angewinkelt, fast zieht sie seine Hand an ihren Körper heran und ihre linke Hand liegt leicht auf seiner Handoberfläche.

Signale des Gemütlichen:

Der gerade ausgestreckte Arm, die große Geste der offenen Hand wirken jovial, herzlich, großzügig. Gleichzeitig schiebt man das Gegenüber aber hübsch weit von sich weg, vergrößert den eigenen Ich-Freiraum und schafft freundlich, aber deutlich Abstand. (Beliebt bei Politikern und im Showgeschäft.)

Signale der Zutraulichen:

Hand dicht in den Ich-Bereich ziehen zeigt Zuwendung, die man auch zu geben bereit ist. Die zusätzlichen auf die Hand des anderen gelegte eigene Hand zeigt den Wunsch festzuhalten, zu fangen, nicht gern wieder loszulassen. Je fester die Hand umklammert wird, um so bittender und dringlicher ist die In-Besitznahme.

»Einen schönen guten Tag.« ***»Meinerseits!«***

Der *Optimist* und der *Umsichtige* kommen die Treppe herunter.

Der Optimist schüttelt die Hand des *Gemütlichen* fröhlich und mit nachhaltigem Druck. Der Gemütliche tut das gleiche, und faßt den Optimisten dazu noch kumpelhaft und vertraulich mit der linken Hand am Oberarm.

Der Umsichtige ist nach schnellem »Guten Morgen« an der Gruppe vorbei zum Bus gegangen.

Signale des Optimisten:

Festes und kräftiges Händeschütteln vermittelt nachdrückliche Herzlichkeit. Je kräftiger, um so deutlicher aber auch die Warnung: Unterschätze mich nicht!

»Nett, Sie zu sehen, alter Freund!«

Signale des Gemütlichen:

Kumpelhaftes Packen des Oberarms signalisiert eine partnerschaftliche Beziehung. Gleichzeitig mit dem festen Händedruck werden jedoch Arm und Hand des anderen der Aktivität beraubt. Geschähe dies wechselseitig, würden sich beide bremsen, ohne es zu merken. Letzteres ist besonders bei südlichen Völkern üblich, wo man sich zusätzlich plötzlich losläßt und gegenseitig ans Herz drückt und dabei den Rücken rauf und runter klopft. Man nennt dies die »arabische Begrüßung«, weil man sicherheitshalber den Freund nach verborgenen Waffen abtastet.

Signale des Umsichtigen:

Die sehr kurze Begrüßung ohne Handschlag kann bei anderen den Eindruck von Ablehnung oder Ungeselligkeit erwecken, zumal sich der Umsichtige erst gar nicht zur Begrüßungsgruppe begibt.

Der Tolerante hat inzwischen überall die Begrüßungsrunde gemacht. Jedem steht er direkt gegenüber und sieht ihm in die Augen. Alle begrüßt er auf die gleiche Art: Die Handinnenfläche des anderen und seine eigene liegen parallel aneinander.

Signale des Toleranten:

Gerade aneinandergelegte Handflächen, wo keiner unter- oder überlegen ist, signalisieren Gleichheit der Partner und Respekt vor dem anderen. Aber auch freundliche Gleichgültigkeit und Distanz, je kürzer und flüchtiger der Druck ausgeübt wird. Der direkte Blick in die Augen zeigt Offenheit und Vertrauen.

Die Besondere steigt aus dem Aufzug. Ihr Blick überfliegt die Runde, bleibt auf dem Toleranten hängen. Sie hebt die rechte Hand, mit der Innenfläche ihm zugewandt und winkt ihm lächelnd mit zwei Fingern zu. Der Tolerante ist sofort bei ihr, umfaßt mit dem linken Arm ihre Schultern und zieht sie leicht an sich. Dabei faßt er ihre ihm zugewandte Handinnenfläche und bedeckt sie zärtlich mit seiner Hand.

Erotische Signale der Besonderen und des Toleranten:

Die zu ihm geöffnete Handinnenfläche signalisiert: »Ich habe nichts zu verbergen«, die winkenden Finger »blinzeln« ihm zu.

Das Umfassen mit dem Arm ist immer eine herzliche, vertrauende Geste. Man umschließt den anderen und zieht ihn gleichzeitig an sich. Daß man ohne Angst ist, zeigt die offen dem anderen zugewandte Herzseite.

»Muß Liebe schön sein!«

Besonders wehrlos ist man bei einer solchen Umarmung, wenn dabei der aktive rechte Arm das Umschließen übernimmt. Das Bedecken der ihm offen dargebotenen Handinnenfläche der Frau als erotisches Signal: »Er hat sie besiegt« und »sie liefert sich ihm aus.«

Die Aktive tritt in diesem Augenblick aus dem Aufzug direkt hinter das Paar. Bei der Begrüßung weicht sie einen halben Schritt zurück, dreht den Kopf zur Seite, hebt abwehrend ihre beiden Hände mit leicht beruhigenden Auf- und Niederbewegungen: »Ich will nicht stören, macht ruhig so weiter!«

Signale der Aktiven:

Diese etwas arrogant-belustigte Bewegung mit dem leichten Druck nach unten und oben signalisiert: »Bleibt ruhig da (unten oder oben), wo Ihr seid!« Wird diese Bewegung heftiger, wehrt man damit den anderen ärgerlich bis böse ab.

Die Besondere denkt nicht daran, sich aus der Umarmung zu lösen. Sie wendet später nur den Kopf über die Schulter und nickt der Aktiven von oben herab lächelnd zu.
Signale der Besonderen:

Über die Schulter hinweg grüßen heißt immer auch über »die kalte Schulter« grüßen. Der Gruß ist damit von oben herab und überheblich, genau wie das Nicken von oben herab eine Sieges- bis Verachtungsgeste ist.

Die Bescheidene ist schnell und etwas aufgeregt die Treppe heruntergekommen. Sie zieht den Kopf zwischen die Schultern ein und nickt etwas verlegen und ängstlich. *Der Optimist* streckt ihr mit einer großen Geste die Hand entgegen

»Hallo, welche Freude!« ***»Morgen, allerseits!«***

und klopft ihr mit der anderen beruhigend auf die Schulter. Sie hat den Ellenbogen eng an den Körper gepreßt, die dargebotene Hand des anderen ist dadurch mehr in ihrem als in seinem Ich-Bereich.

Signale des Optimisten:

Ausgestreckte Handreichung mit gleichzeitig wohlwollendem Auf-die-Schulter-klopfen ist immer beruhigend. Lehrer/Schüler-Belobigung. Anerkennung des Schwächeren, Aufmunterung zur Leistung. Zuspruch.

Signale der Bescheidenen:

Der eng am Körper liegende Arm zeigt immer Scheu, ein Sichbewahren, auch Hemmungen. Gleichzeitig zieht man den anderen in den eigenen Ich-Bereich.

Der Individualist ist soeben zur Gruppe getreten und wünscht mit locker erhobenen Händen und Rundumblick allen einen guten Morgen, ohne jemandem die Hand zu geben.

Signale des Individualisten:

Handheben und reihum Grüßen zeigt höflich-lässige Distanz zu der Gruppe. Das wirkt manchmal etwas arrogant, obwohl der Grund auch eine gewisse Schüchternheit sein kann. Hat sich als »amerikanische Begrüßung« sehr eingebürgert.

Der Vielseitige ist gerade noch pünktlich. Man lacht bereits über ihn, wie er sich vergnügt und eilig durch die Gruppe schlängelt. Da faßt er eine Hand, winkt anderen zu, legt leicht die Hand auf einen ihm zugewandten Oberarm.

Signale des Vielseitigen:

Freundliche, gleichmäßige Zuwendung und Zutraulichkeit, keinerlei Kontaktschwierigkeiten. Er braucht keine ausgeprägte Ich-Zone, zeigt aber auch Flüchtigkeit und Gedankenlosigkeit bei der Begrüßung.

Die Sensible ist die letzte und ziemlich schnell stehengeblieben. Sie reicht den links und rechts von ihr Stehenden mit

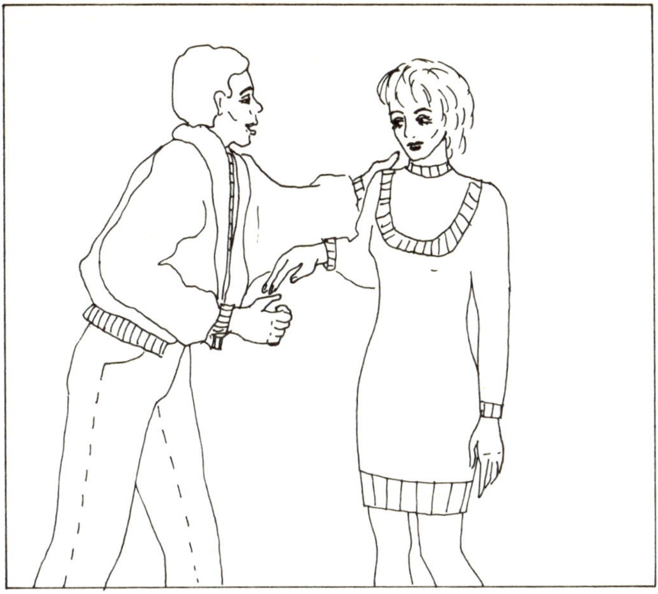

»Wir haben uns noch nicht begrüßt, oder...?«

kleiner Armbewegung die Hand mit dem Handrücken nach oben, und zieht sie nach flüchtigem Druck schnell zurück.

Signale der Sensiblen:

Die von oben gereichte Hand zeigt immer eine gewisse Distanz, Hochmut, »von oben herab«. Fürsten und hohe Würdenträger machten so deutlich, daß sie »gnädig« gestimmt waren.

Mit dem Handschlag kommen wir aufeinander zu. Je partnerschaftlicher, um so mehr signalisieren wir Fairness. Je mehr wir dabei umarmen, umschlingen, umfassen, um so aktiver, spontaner, aber auch besitzergreifender wirken unsere Signale. Je anliegender die Arme, je kleiner und sparsamer die Gebärde und der Händedruck, um so weniger öffnen wir uns und signalisieren damit Unsicherheit, Ängstlichkeit, Hemmungen, aber auch mitleiderregende und rührende Schwäche oder Verletzbarkeit.

Was unsere Mimik verrät

6. Ein Museumsbesuch

Unsere Reisegruppe macht heute einen Museumsbesuch. Man betrachtet gerade ein Rubensgemälde »Der Raub der Sabinerinnen«. Man sieht üppige Damen, fast nackt, in mehr oder weniger heftiger Umschlingung mit ebenso gut im Fleisch stehenden, stämmigen Kriegern.

»Ich trau meinen Augen nicht!«

Der Optimist reibt sich kräftig die Nase, mit weitgeöffnetem Mund und vielen vergnügten Lachfalten um die Augen muß er plötzlich laut und herzhaft lachen, als er das Gemälde sieht.

Die Sensible rümpft ein bißchen die Nase und verzieht leicht die geschlossenen Lippen nach unten. Der Kopf ist etwas angehoben, die Augen durch die halbgesenkten Lider fast verdeckt.

Signale des Optimisten/Augen und Mund:

Lachfalten und weitgeöffneter Mund beim Lachen sind eine spontane emotionale Reaktion, denn heftiges Lufteinziehen und Luftausstoßen befreien von einem Gemütseindruck. Die Lautstärke des Lachens zeigt Unbekümmertheit und Ungeniertheit. Ist es zu laut, kann es Hysterie, Verkrampfung oder Aufmerksamkeit erregen wollen bedeuten. *Nase:* Die Nase steht auch für das männliche Sexualorgan. Fröhliches Nasereiben signalisiert in unserem Falle, daß er Lust hätte, einer dieser wilden Eroberer zu sein.

Signale der Sensiblen/Augen:

Der Blick unter halbgeschlossenen Lidern läßt nicht in sich hineinsehen, will auch nichts preisgeben. Bei erhobenem Kopf: Distanz bis Überlegenheit, ja Arroganz. Frauen kultivieren diesen Blick als erotische Verheißung (Schlafzimmerblick). *Nase:* Rümpfen: »Das stinkt mir hier.« Was man auf diesem Bild sieht, riecht unangenehm für sie. Mißfallen äußert sich in völlig unkontrollierter Reaktion. *Mund:* Geschlossene Lippen, nach unten verzogen, zeigen, daß man nichts rauslassen, alles für sich behalten will, an Gedanken ebenso wie an spontanen Reaktionen. Eingekniffene Mundwinkel, nach unten verzogen: »Ich verkneife mir zu sagen, was ich denke!« Das wirkt meist abwertend und negativ, da diese Signale von Nase und Mund häufig gleichzeitig auftreten.

»Wie kann man nur so aussehen.«

Der Tolerante betrachtet kurz die üppigen nackten Rubensdamen, und sehr lange die üppige, aber bekleidete Besondere neben sich. Die Pupillen seiner Augen werden größer und dunkler, seine Nasenflügel vibrieren, er zieht heftig die Luft ein und zeigt dabei seine Zähne.
Die Besondere hat nur einen Blick auf die muskelstrotzenden Eroberer von Rubens geworfen. Ihre Gedanken sind bei dem Mann neben ihr. Ihre weitgeöffneten Augen glänzen, obwohl sie ihn nicht ansieht, auch ihre Pupillen sind dunkel und groß. Der geöffnete Mund lächelt.

Signale des Toleranten und der Besonderen/Augen:

Eine Sinnesanregung (nackte Frau, starker Mann) wendet sich als Sinnenwunsch sofort an den Partner. Bei Begierde, Erregung und innerem Fieber vergrößern sich die Pupillen, das gibt den Augen feuchten

»Wir mögen uns doch ...?«

Glanz und verrät die innere Anteilnahme. Außerhalb der erotischen Blicksprache vergrößern sich die Pupillen auch bei Kartenspielern, die deshalb oft Sonnenbrillen tragen, um ihr gutes Blatt nicht zu verraten. Auch bei Schauspielern vor Premieren. Man erzeugt solche große Pupillen bei Pferden durch Atropin, gelegentlich durch ähnliche Mittel bei Künstlerinnen. *Nase:* Blähen und Zucken der Nasenflügel als erotisches Signal. (Große Nasen gelten als Signal für Potenz.) So wurden die »bebenden Nüstern« vor allem bei Männern in südlichen Völkern zu erotischen Lockmitteln. *Mund:* Das scharfe Einziehen der Luft ist ein sehr aktives Signal; verbunden mit dem Zeigen der Zähne läßt es auf Wildheit und Begierde schließen: »Ich möchte dich beißen«. Frauen signalisieren das gleiche mit dem Zeigen der Zähne und dem zusätzlichen Befeuchten der Lippen durch die Zungenspitze: »Ich will dich erbeuten!« – Zeigen der Zähne und Befeuchten der Lippen sind immer heftige Emotionssignale, sie signalisieren positive Aggressivität: vor einem Start, einem Auftritt, einer Mutprobe, einer guten Nachricht. Außerdem bei starken Geschmacksreizen: Beim Essen, Trinken leckt man sich die Lippen.

Der Vielseitige betrachtet mit leicht hochgezogenen Augenbrauen und dadurch erstaunt gerunzelter Stirn (Querfalten) die kraftstrotzenden Raufbolde auf dem Bild. Seine Augen sind rund und groß und der Mund leicht offen.

Signale des Vielseitigen/Augen:

Hochgezogene Brauen mit gleichzeitigen Querfalten auf der Stirn, sowie runde geöffnete Augen zeigen Erstaunen und Arglosigkeit. Es wirkt jung und rührend

»Junge, Junge!«

(Kinder). Im Alter leider manchmal töricht. *Mund:* In Verbindung mit den erhobenen Brauen, meist leicht geöffnet, signalisiert dies ein willenloses Aufnehmen des Eindrucks. Absolute bereitwillige Passivität und Beeindruckbarkeit.

Die Aktive beißt sich beim Anblick der entblößten Damen in den unbequemen Stellungen auf die Lippen und verzieht den Mund. Sie sieht so angestrengt hin, daß sich eine Falte auf der Nasenwurzel bildet.

Signale der Aktiven/Augen:

Angestrengtes Schauen verengt oft den Blick, die Augen werden »stechend«. Durch die Konzentration ziehen sich die Augenbrauen zusammen und es entstehen Denkfalten. *Mund:* Auf die Lippen oder die Zunge beißen, heißt sich selbst zu bestrafen für das, was man

»Also ich finde es geschmacklos.«

sagen, worüber man lachen wollte. Zähne aufeinanderpressen signalisiert, daß man ein Gitter bildet, um die Laute des Schmerzes oder des Zorns nicht rauszulassen. Werden die Lippen zusammengepreßt und gar noch heruntergezogen (schiefer Mund), sind es Zeichen von Mißmut und Ärger. Hat jemand diesen Ausdruck immer, ist es die sogenannte Leidensmiene.

Die Zutrauliche ist ganz nahe an den Bildrand getreten, um die kraftstrotzenden Eroberer zu bestaunen. Sie zwinkert mit den Augen und beginnt zu kichern und zu glucksen. Dabei hält sie die Hand vor den Mund.

Die Zuverlässige neben ihr hat nach kurzem Blick auf das wilde Gerangel auf dem Bild die Augen gesenkt und sieht desinteressiert in die Ecken. Die Lippen sind schmal und geschlossen.

»Nein, so was!!« ***»Nein, danke!«***

Signale der Zutraulichen/Augen:

Zwinkern und Blinzeln, auch Augen reiben, heißt, daß man sich vergewissern will, ob man auch richtig sieht! Man muß zwei-, dreimal schauen. Neugierde, Verunsicherung, so daß man den Anblick erst einmal »verdauen« muß. *Mund:* Kichern und Glucksen sind nervöse, unterdrückte Stöße von Heiterkeit. Hält man die Hand vor den Mund, will man nicht zu tief in sich hineinschauen lassen und verbergen, warum man so spontan reagiert hat. Die anderen sollen auch nicht deutlich verstehen, was man gerade sagt oder nicht hören, daß man kichert.

Signale der Zuverlässigen/Augen:

Den Blick senken und ostentativ in Ecken schauen, heißt, daß man das Gebotene nicht sehen will. *Mund:* Schmale, festgeschlossene Lippen lassen nichts rein und nichts raus. Sie stauen und signalisieren Kargheit, oft Verweigerung, sicherlich keine Sinnes- oder Lebensfreude.

Der Umsichtige blickt das Gemälde kurz an und legt den Kopf auf die Seite. Er grinst etwas süffisant mit geschlossenen Lippen. Dann klappt er den Museumsführer auf und beginnt nachzulesen, ohne das Bild noch eines Blickes zu würdigen.

Signale des Umsichtigen/Augen:

Die *Augen* nehmen wohl keinen starken Sinneseindruck wahr. Er legt den Kopf schief, um das Bild aus einer anderen Perspektive zu betrachten. *Mund:* Mit geschlossenen Lippen lächeln, wobei er die Mundwinkel nach unten zieht und ein spöttisches Grinsen zeigt. Alle Signale zusammen bedeuten: Der Umsichtige nimmt seine Sinnesorgane zur Hilfe. Seine Augen können dem Bild nichts abgewinnen, auch wenn er es seitlich betrachtet. Sein leicht nach unten verzogener Mund verrät uns: Das ist doch alles albern, was die da treiben! Das Resultat: Er kann überhaupt nichts mit

»Das soll ein Meisterwerk sein?«

dem Bild anfangen. Nun liest er im Katalog nach, warum es so berühmt ist.

Der Gemütliche hat seine Brille aufgesetzt, nimmt sie wieder ab, und geht nahe an das Gemälde ran, um offenbar das Muster des heruntergerutschten Schulterschleiers einer der Damen besser betrachten zu können. Er befeuchtet seine Lippen und beginnt leise zu schmatzen.

Signale des Gemütlichen/Augen:

Abnehmen und wieder Aufsetzen der Brille signalisiert immer den Impuls, etwas noch einmal oder anders sehen zu wollen. »Die Augen werden verdoppelt.«
Mund: Befeuchten der Lippen und leises Schmatzen erinnert an Genüsse oder zeigen im Moment Genüsse an (Küsse, Essen, Schlürfen).

»Donnerwetter! Zum Anbeißen!«

Die Bescheidene sieht das Bild unverwandt mit großen Augen an, die Lippen sind leicht geöffnet und lächeln ein bißchen. Ohne daß sie es merkt, seufzt sie leise »Ach ja« und nach einer Weile noch mal »Ach ja!«.

Der Individualist blickt überrascht zu ihr hinüber. Obwohl er einen Kopf größer ist als sie, schaut er nicht auf sie *herab*. Sein Kopf ist leicht gesenkt, so daß er *auf* sie schaut. Die Augenbrauen sind fragend hochgezogen, seine Hand reibt sein Ohrläppchen, der Mund ist leicht vorgeschoben (Schnute).

Signale der Bescheidenen/Augen:

Unverwandtes Blicken ohne Zwinkern oder Blickimpulse ist ein »verlorener Blick«. Man sieht durch etwas hindurch. Das momentane Objekt war nur Anlaß für

»Nanu, so kenn ich die ja gar nicht...«

ganz andere Bilder, die vor dem »inneren Auge« entstehen. Damit diese Bilder nicht verschwinden, bekommen die Augen oft einen starren oder abwesenden Blick. *Mund:* Wer des öfteren für sich allein oder ohne es zu merken Seufzer ausstößt oder »Ach ja« murmelt, stößt damit Luft aus, die für ihn zuviel ist. Meist bedrückt einen etwas. Wenn man das bei sich merkt, oder auch bei Nahestehenden, sollte man nachforschen, woher das kommt. Der Zustand tritt leicht ein vor bedrükkenden Arztbesuchen, bei Kümmernissen, Angst oder Einsamkeit, weil »man etwas nicht loswerden kann, was die Seele belastet«. In unserem Fall hat das Bild offenbar eine verlorene und schmerzliche Erinnerung geweckt. Die Hand, die den Kopf mit den sie überflutenden Erinnerungen stützt, betont die Melancholie.

Signale des Individualisten/Augen:

»Auf jemanden herunterschauen« hängt nicht von der Größe ab, sondern vom Zurückwerfen oder Neigen des Kopfes. Obwohl sein Kopf optisch höher ist als der Kopf der Bescheidenen, schaut er *auf* sie, weil er ihn geneigt hat. Die hochgezogenen Brauen verraten Überraschung und Interesse, können aber auch Belustigung und Ironie signalisieren. Meist ist es eher eine intellektuelle Reaktion. *Mund:* Der leicht vorgeschobene Mund (Schnute, als ob man erstaunt »Ohhh« sagen würde) zeigt immer eine Verblüffung an. Eigentlich will der Mund etwas fragen, wird aber im Impuls gebremst. *Ohr:* Reiben des Ohrläppchens oder Reiben hinter dem Ohr zeigen, daß wieder ein Sinnesorgan aktiviert werden sollte: »Habe ich das Seufzen richtig gehört? Kann ich meinen Ohren trauen?«

Jeder unserer zwölf Reiseteilnehmer hat mit seiner Mimik anders auf das Gemälde reagiert. Da wir in einem Gespräch unmöglich jede Reaktion im Gesicht unseres Partners registrieren und beurteilen können, achten Sie auf folgende Zeichen:

Wir haben fünf Sinne: Augen = *sehen,* Ohren = *hören,* Nase = *riechen,* Mund = *schmecken,* Hände = *fühlen.* Dies sind Witterungsorgane. Werden sie bei Gesprächen, die sehr oft vom Intellekt oder Gedanklichen bestimmt werden, zu Hilfe gerufen, dann möchten wir damit unseren Instinkt und unsere Sinne schärfen und prüfen, ob wir die Worte des Partners auch richtig verstehen und deuten. Gleichzeitig stimulieren wir diese Sinne, um die richtigen Worte zu finden. Je statischer der Mensch ist, je sparsamer er mit Gesten umgeht, um so wichtiger ist so ein Stimulieren zu werten. Ganz sicher ist es immer ein positives Zeichen, da der Partner intensiv am Gespräch teilnimmt.

An der Mimik lesen wir am leichtesten Unmut, Enttäuschung oder Ärger ab. Soll man Ihnen immer Ihre innere Gemütslage, Ihre Stimmung anmerken? Das kann manchmal von Nachteil sein, weil es Ihre Schwäche offenbart und Ihren Erfolg in Frage stellt.

Die Amerikaner haben als Gegenmittel das »Keep smiling« erfunden, was aber bei uns keine große Gegenliebe gefunden hat.

Was Sie aber lernen können und was nie falsch ist: *Mit geschlossenen Lippen zu lächeln!*

Betrachten Sie sich eine Zeitlang – ein Taschenspiegel ist immer zur Hand – ganz spontan beim Lesen, beim Schreiben, in der Straßenbahn, im Wartezimmer. Sie werden erschrocken sein, wie oft Ihr Mund gepreßt, nach unten gezogen ist und damit vergrämt und böse wirkt. Dabei runzeln Sie meist die Brauen, und die dadurch entstehende Nasenfalte macht die Augen eng und klein. Es reicht ein ganz leichtes Ziehen der Mundwinkel zur Seite – automatisch werden dadurch die Augen offener und größer und die

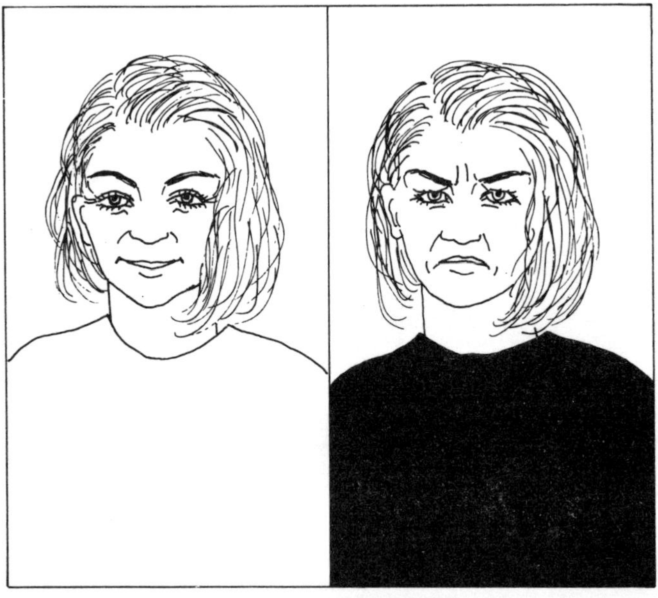

Ist das dasselbe Gesicht?

Nasenfalte sowie die Falten um die gekniffenen Augen glätten sich. Mit geschlossenen Lippen zu lächeln wird keinem Gesicht einen unechten oder aufgesetzten Ausdruck geben.

Es entsteht vielmehr der Eindruck von Klarheit, Sicherheit, Optimismus und Selbstvertrauen – und das sind bessere Voraussetzungen für einen Erfolg!

Das tägliche Duell vor und hinter dem Schreibtisch

Das Büro-Territorium

Unsere Reisegesellschaft ist bereits einige Tage unterwegs. Heute ist der Leiter des Reisebüros im Hotel und den ganzen Tag für die verschiedenen Reisegruppen zu sprechen. Man

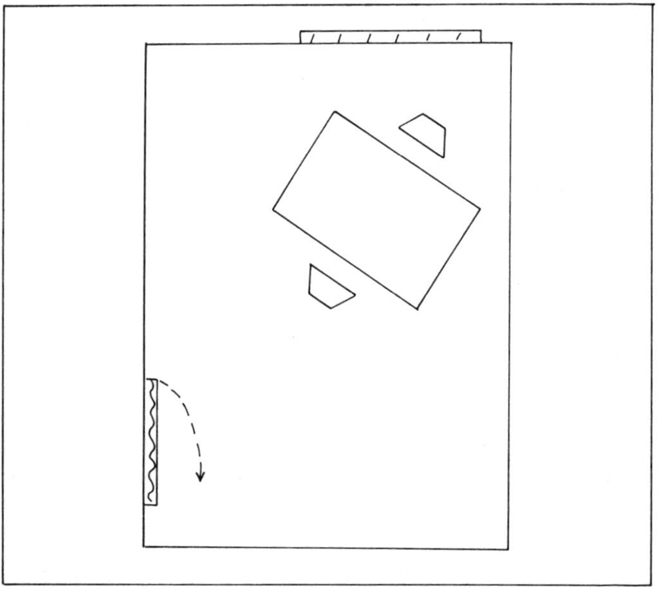

Beim Reisebüro-Leiter

kann sich beschweren, man kann seine Anerkennung ausdrücken oder eine neue Reise buchen. Es ist ein kleines Zimmer, der Schreibtisch steht schräg im Raum. Hinter dem Schreibtisch eine Wand- und eine Fensterseite, vor ihm die Tür. Sehen Sie sich daraufhin die Sitzpositionen im Kapitel »Das Sitzen« (S. 69) nochmals an!

Der Reisebüroleiter hat sich in dieser Position also geschützt. Die Sekretärin kann eventuell mit ihm korrespondieren, ohne daß der Besucher es sieht.

Das ist das häufigste und beliebteste Chef-Büroarrangement: bester eigener Schutz, Barriere zum Besucher, unverbindliche Abfertigung.

Mit den Augen des Chefs gesehen: Selbstschutz, Abwehr und Verkürzung lästiger Gespräche, Wahrung von Distanz.

Mit den Augen des Besuchers gesehen: Das Gefühl geblendet zu sein (Gegenlicht des Fensters) und den anderen schwer erkennen können. Bedrohung oder Angst durch Tür im Rücken. Abschirmung vom Gesprächspartner.

> Wenn man beim Eintreten in ein Büro dieses Arrangement sieht und damit weiß, daß der Chef (oder der Mensch, zu dem wir als Besucher kommen) dieser Eindruck erwecken will, wird es uns viel weniger verunsichern! Das ist eine wichtige Grundeinstellung für ein positives Gespräch!

Die Wand hinter dem Schreibtisch

Unser erster Blick beim Eintreten in ein Sekretariat oder ein Chefzimmer sollte immer auch die Wand *hinter* dem Schreibtisch erfassen. Sie gibt uns erstaunlich deutliche Informationen!

Was wir da sehen, ist nämlich an *uns* gerichtet! *Wir* sollen die zahlreichen Katzenfotos an der Wand sehen. Glauben Sie, die Schreibtischbenutzerin dreht sich dauernd um, um die Bilder zu betrachten? Sie könnte sich ja zwei Fotos ihrer Mieze auf den Schreibtisch stellen, dann hat sie sie stets vor

Augen! Nein, wir sollen die Signale empfangen: »Ich möchte als Katzen- und Tierfreundin gelten! Ich bin ja selbst so ein Kätzchen! Aber Vorsicht... sonst zeige ich auch Krallen!«

Oder die Wand hängt voll mit Sportwagen, Rennautos, tollen Flitzern! *Wir* sollen sehen, daß er sich für rasante Tollkühnheit begeistert. Er signalisiert Drive und starken Antrieb – und da Antrieb auch Trieb ist, signalisiert er unbewußt, daß er den Eindruck von Leidenschaft und Potenz machen will.

Wenn jemand seine Rückwand mit Bildern der Cheopspyramide, dem Berg des Dalai Lama oder dem Taj Mahal dekoriert hat, muß er nicht dort gewesen sein. Er zeigt uns – unbewußt –, daß er eine tiefe Sehnsucht nach Höherem, nach Weisheit und Göttlichkeit hat, daß man dies bei ihm vermuten und respektieren soll. Mit Sprüchen wie: »Hauptsache die Frau arbeitet und man ist gesund« oder: »Wenn nur die Piepen stimmen«, wird man bei ihm kaum den richtigen Ton anschlagen.

Die Magnetwände bespickt mit Zetteln und Terminen signalisieren immer, wie ungeheuer viel dieser Mensch zu bewältigen hat! Ein großer Wochenkalender vor sich auf dem Schreibtisch wäre doch bequemer und man hat ihn immer vor Augen. Nein, *wir* sollen sehen, wie überlastet und gefordert dieser Mensch ist! Sätze wie: »Ohne Sie wäre der Betrieb ja aufgeschmissen, ich könnte das nie!« werden Ihnen ein gewisses Entgegenkommen sichern.

Bilder von Frau oder Mann, Kind und Hund sind so gut wie nie an der Wand zu finden. Sie stehen auf dem Schreibtisch und sehen ihren Besitzer an. Beobachten Sie in Ihrer Umgebung die Bürowände! Es kann hilfreich sein, bei einem wichtigen Gesprächsbeginn nicht gleich ins Fettnäpfchen zu treten.

Der Schreibtisch

Auch ein Blick auf den Schreibtisch lohnt sich – es reicht *ein* Blick!

Ein Schreibtisch mit nur wenigen Akten zeigt starke Konzentration an, Arbeitseinteilung, Übersicht, Disziplin und Selbstsicherheit. Der kühle Kopf arbeitet zielbewußt und rationell. Es herrscht Ordnung.

Ratschlag:

Sich kurzfassen, sachlich bleiben, aktiv und beherrscht auftreten. Pünktlich sein!

Penibelste Ordnung auf dem Schreibtisch soll signalisieren, daß mit größter Sorgfalt gearbeitet wird, zuverlässig und gewissenhaft. Zurechtrücken und Ordnen der Gegenstände zeigt an, daß man in seinen Gedankengängen, seinen Entscheidungen nicht aus dem Konzept gebracht werden möchte.

Ratschlag:

Schwung und Elan dosieren! Ausreden lassen! Nicht überrennen, Pausen machen und den anderen zum Entschluß ermutigen. Nicht alles besser wissen.

Blumen- oder eine Pflanzenwand auf der Schreibtischkante sind gegen den Besucher gerichtet, ebenso wie offene Schubladen und Rollfächer Barrieren sind! Man will geschützt sitzen, nicht so genau erkannt werden. Man braucht auch Zeit, um ein Urteil zu fällen oder sich dem anderen zu nähern.

Ratschlag:

Unbedingt Distanz wahren! Auf keinen Fall gleich hinter den Schreibtisch treten und die grüne Wand mißachten. Sich am Anfang heiter und unverbindlich zeigen, dadurch dem anderen Zeit geben.

Schreibtischkante voll mit Schnick-schnack wie Vasen, Bilder, Talismane und Figürchen. Das wirkt harmlos und lieb, ist aber eine deutliche Abgrenzung des Schreibtischreviers gegen den Besucher. (Sehr beliebt bei Frauen.)

Ratschlag:

Keine Figürchen anfassen oder wegschieben. Das Ich-Revier ist deutlich markiert! Im Stehen nicht zu neugierig auf den Schreibtisch schauen. Figuren-Wand respektieren!

Die kleinen netten Dinge signalisieren auch eine gewisse Verletzlichkeit, sie sind eine Art Talismane und sollen schützen – natürlich unbewußt. Künstlerinnen säumen so ihren Schminkplatz in der Garderobe und »schützen« sich gegen die Rivalinnen.

Der unordentliche Schreibtisch, überlastet mit Akten, Büchern usw. soll immer signalisieren, wie enorm viel dieser Mensch zu tun hat. Man soll auch nicht sehen, was und ob er gerade arbeitet – er kann ja auch mal Kreuzworträtsel lösen. Beliebter Schutzwall, hinter dem man sich wohlfühlt! Er zeigt auch Ablenkbarkeit und Sprunghaftigkeit an. Systematisch wird nicht vorgegangen, aber Intuition bei der Arbeit ist hier möglich.

Ratschlag:

Sprunghafte Reaktionen mitmachen. Themenwechsel akzeptieren, auch selbst herbeiführen. Spontanität zulassen. Eher mit Nerven und Humor reagieren als mit festgefahrenen Prinzipien.

> Ein Schreibtisch soll *immer* signalisieren, wie beschäftigt man ist, und wie der Besuch eigentlich bei der Arbeit stört. Nicht verblüffen lassen! Keine Komplexe kriegen! Es gilt nicht Ihnen persönlich! Der Mensch hinterm Schreibtisch macht es auch bei anderen so. Denn mehrere Stunden täglich gegen Anfragen, Beschwerden, Aufgaben oder Angriffe gewappnet zu sein, macht den Schreibtisch zum Bollwerk.
>
> Die entmutigende Feststellung nach einem mißglückten Gespräch: »Ich habe wohl gerade gestört, er hatte keine Zeit«, die vergessen Sie bitte.
>
> *Man stört immer, denn der andere hat nie Zeit!* Wandeln Sie ein altes Sprichwort um: Sage mir, wie dein Schreibtisch aussieht, und ich sage dir, wer du bist! Ein Blick genügt, und Sie werden sich sicherer fühlen!

Körpersprache bei Verhandlungen

7. Reaktionen erkennen

Wir sehen bei einem Schreibtischgespräch nur den Oberkörper, also eher den Sitz des Bewußten, des Verstandes, des Gefühls, des Kopfes, unterstützt von den mitredenden Händen.

Wir sehen nicht, was unterhalb des Tisches Platte liegt: das Unbewußt-Animalische, der Bauch, die Sexualorgane, die Kraft der Hüften und der Beine.

An einer gewissen Unbewegtheit und Direktheit der Haltung sowie an sparsamen Gesten können Sie aber wenigstens eine Zuordnung treffen: *eher statischer Typ.* An lebhaften Gebärden, am Hin und Her des Oberkörpers und Beweglichkeit des Kopfes: *eher beweglicher Typ.*

Erstaunlicherweise fühlen sich Empfangender und Besucher hinter dem Schutz des Schreibtischs sicherer. Unseren Gang und unsere Haltung können wir schwerer kontrollieren.

Mit dem Kopf, den Händen, dem Oberkörper und der Sprache lügen wir leichter. Wir üben es auch mehr, weil wir es täglich tun.

Kehren wir zum Reisebüroleiter und seinem Büro zurück. Er hat an seine Rückwand Werbebilder ferner Kontinente geheftet. Klar, wir sollen zum Reisen angeregt werden – je aufwendiger, um so günstiger für ihn.

Der Reisebüroleiter hat mit den Teilnehmern unserer Gruppe Gesprächstermine vereinbart.

Sie könnten jetzt während des Lesens die beschriebenen Gesten mit den Händen und dem Oberkörper mitmachen. Sie werden staunen, wie leicht Ihnen das jetzt fällt, nachdem Sie schon soviel über die Körpersignale gelesen haben!

9 Uhr: *Die Zutrauliche.*
Der Reiseleiter sitzt zurückgelehnt in seinem Sessel, die Arme über der Brust verschränkt, den Kopf zwischen den Schultern eingezogen. Die Zutrauliche sitzt halb auf dem Stuhl und beugt sich halb über den Tisch. Die rechte Hand trommelt immer wieder auf die Akte des Reiseleiters. Sie will unbedingt den Rückflug verschieben, das hatte sie sich ausbedungen.

Ist sie zufrieden?

Signale: Der Reisebüroleiter erwartet etwas Negatives. Zurücklehnen, Arme verschränken und eventuell noch den Kopf einziehen, heißt immer Abwehr, Verteidigung, Selbstschutz. Aktivität verbergen. (Sehr beliebte Haltung bei Politikern, ehe sie auf Fragen oder Angriffe antworten.) Die Zutrauliche ist in sein Revier eingedrungen, lehnt sich über seinen Schreibtisch. Äußerst aktiv und besitzergreifend mißachtet sie seine Du-Zone. Sie trommelt auf seiner Akte, das signalisiert ein nachdrückliches Klopfen und Bohren, es unterstützt ihre Argumente, sie will ihn festnageln.

> Übergriffe auf den Schreibtisch des anderen heißt Eindringen in dessen Befugnisse. Zeigt Aktivität bis Aggression, Impulsivität bis Unbeherrschtheit an.

9 Uhr 15: *Der Umsichtige.*
Er sitzt gerade und fest im Stuhl, die Lehne im Rücken. Die Hände liegen rechts über links verschränkt im Schoß. Zwei angekündigte Ausflüge sind ausgefallen. Wie wird das zurückgezahlt?

Der Reisebüroleiter dreht sich mit abgewinkelten Ellenbogen auf seinem Drehstuhl nach links und rechts, nickt zustimmend mit dem Kopf, sieht aber sein Gegenüber kaum an.

Signale: Der Umsichtige argumentiert ruhig, sachlich und verstandesmäßig. Das »Handeln« – seine verschränkten Hände – wird gebremst. Das Unbewußte (links) ist jetzt nicht gefragt, das Bewußte (die rechte Hand) deckt es zu. Er ist dem Partner direkt und statisch, ruhig zugewendet. Das zeigt Sicherheit, Beharrlichkeit, gutes Gewissen, aber auch Eigensinn.

Der Reisebüroleiter weiß nicht genau, was er sagen soll, er versucht innerlich auszuweichen, sieht dem anderen darum nicht in die Augen. Er ist etwas nervös, daher dreht er sich nach links und rechts mit abwehrend gespreizten Ellenbogen, um seinen Ich-Bereich zu verbreitern. Er

Gelassen bleiben. ***Zeit gewinnen.***

macht sich »dicker«. Diese Souveränität kann auf Besucher einschüchternd wirken. Nicht bluffen lassen! In unserem Fall nickt er gleichzeitig mit dem Kopf. Der Besucher hat nämlich recht.

9 Uhr 30: *Der Optimist.*
Der Optimist sitzt – dem Reisebüroleiter voll zugewendet – gemütlich da. Kopf und Oberköper sind bis an die Tischkante vorgeschoben. Die Arme liegen ausgebreitet auf dem Schreibtisch, Handinnenflächen nach außen. Er sagt: »So 'ne schöne Reise würde ich glatt noch mal buchen!«

Der Reisebüroleiter sitzt auch vorgeneigt da, stützt den rechten Arm auf und hält die Hand leicht vor den Mund. Er lächelt freundlich. Die linke Hand hat er in seiner Hosentasche, aber das sieht man nicht.

Signale: Aktivität, Zuwendung beim begeisterten Optimi-

Er ist begeistert... *Das will er ausnützen.*

sten. Die ausgestreckten Arme zeigen Furchtlosigkeit und Behagen, die geöffneten Handinnenflächen Vertrauen und Ehrlichkeit. Er legt seine Arme mit gutem Gewissen in das Schreibtischrevier des Reiseleiters, er will ihm ja positive Nachrichten bringen. Vorsicht! Zu übertrieben wirkt diese Haltung plumpvertraulich, anbiedernd und kumpelhaft.

Das Gehirn des Reiseleiters arbeitet fieberhaft. Emotionen unterdrückt er (linke Hand in der Tasche). Der aufgestützte Arm gibt ihm Distanz, der Mund wird verdeckt: Genau überlegen, was man sagt! Ausreden lassen und dann ein neues günstiges Angebot machen!

> Wenn wir unsere Sinnesorgane (Nase, Mund, Augen, Ohren) beim Dialog mit einbeziehen, suchen wir Unterstützung bei unseren Instinkten, unseren Urkräften (siehe Mimik).

Die aggressive Pistole zwingt zur Abwehr.

9 Uhr 55: *Die Aktive.*
Die Aktive hat die Ellenbogen aufgestützt und die Arme wie eine Pyramide vor sich hingelegt. Die Spitzen der Finger sind ineinander verschränkt. Diese Armpyramide zielt auf den Reisebüroleiter. Die Worte werden heftiger. Immer drohender und aktiver neigen sich die Zeigefinger an der Spitze dieser Pyramide gegen ihn, bis die aneinandergelegten beiden Daumen und Zeigefinger eine aggressive Pistole gegen ihn bilden, die im Takt der Worte auf ihn feuert. Vieles paßt ihr gar nicht, und er ist der Schuldige!

Der Reisebüroleiter hat die Ellenbogen aufgestützt, zwischen den Händen dreht er mit den Fingerspitzen einen Bleistift hin und her. Seine Augen sind gesenkt. Er ist dazu da, Beschwerden anzuhören. Die »Pyramide« oder »Eisbrecher« genannte Drohgebärde, die sich bis zu den »Pistolen« der Finger steigert, ist eine gezielte Kampfansage. Wie hinter einer Brüstung verschanzt, schießt man auf den Gegenübersitzenden, auch wenn die Worte dazu vielleicht sanfter klingen. Daran denken, wenn man selber diese Geste macht!

> Wird man vom Gesprächspartner so attackiert, ist das immer eine Alarmklingel. Überlegen Sie blitzschnell, ob Sie – je nach Charakter – einen Rückzieher machen und einlenken, oder Ihren Satz abbrechen sollten, damit der andere erst mal »Dampf ablassen« kann, oder ob Sie sich in diesem Moment nicht unterbuttern lassen dürfen und daher massiv und ruhig kontern müssen.

Der Reisebüroleiter darf nicht die Nerven verlieren. Er baut sich eine Schutzbrücke: Auch er stemmt die Ellenbogen auf, aber der Bleistift zwischen den Fingern soll verbinden, vermitteln. Er »verlängert« sozusagen die Finger der bewußten (rechts) und der unbewußten (links) Hand, die nun ununterbrochen miteinander korrespondieren: Wie verhalte ich mich? Wie fange ich das am besten auf? Der nach innen gerichtete Blick unterstreicht diese Konzentration.

> Bleistifte oder Brillenbügel, die man zwischen den Fingern dreht, die Akte vor sich, deren Kanten die Finger streicheln und ähnliche Sensibilisierungen sind immer ein Zeichen, daß sich der Sprechende um eine Lösung, eine Antwort bemüht, daß er sozusagen »verlängerte Tastorgane« zu Hilfe ruft. Es signalisiert uns daher positiv, daß eine Entscheidung noch nicht endgültig ist. Im Gegensatz dazu: Bleistifte als verlängerte Zeigefinger, mit denen man drohend auf Fehler hinweist, mit denen man energisch »pickt«, sind immer eine Schuldzuweisung: »Du bist es! Das ist dein Fehler!« Lineale und Brillenbügel signalisieren mit den gleichen Gesten dasselbe.

10 Uhr 15: *Die Besondere.*

Die Besondere hat zweimal ein schlechtes Zimmer gehabt. Zurückgelehnt sitzt sie da, die Arme etwas theatralisch nach vorn gestreckt, eine Handfläche nach unten, als würde sie mit großer Dominanz Absolution spenden. »Vergessen

Diese theatralischen Posen machen ihn nervös.

wir's«, sagt sie, »ich bin nicht nachtragend. Dafür...«, damit dreht sie die rechte Handfläche nach oben, »erwarte ich für die letzten Tage ein 1 a Zimmer!«

Der Reiseleiter nickt bestätigend. Dabei hat er seinen Kugelschreiber in der Hand und sein Daumen knipst ihn an und aus.

Signale: Die von oben herab segnenden Arme und Hände (gut im Fernsehen beim Papst zu beobachten) sollen immer Nachsicht, Güte, Wohlwollen ausstrahlen. Derjenige steht über uns – oder er glaubt es wenigstens. Gefeierte Künstler, Prediger, Politiker, die uns das Heil bringen wollen, verwenden diese Gebärden. Wenn sie die Hände drehen und dann zum Himmel hin öffnen, zeigen sie, daß sie bereit sind uns mit in diese Höhen zu tragen.

Der Reiseleiter nickt zwar bestätigend. Aber fast im Takt dazu knipst er seinen Kugelschreiber an und aus. Es könnte auch das Feuerzeug sein. Innere Ungeduld: »Kann die nicht endlich aufhören!« Er möchte ihre Worte am liebsten abschalten.

Wenn Sie Ungeduld bemerken, fassen Sie sich kurz. Noch besser: Geben Sie dem anderen Gelegenheit aktiv zu werden, also zu reden. »Wie ist Ihre Ansicht? Das würde mich interessieren!« macht häufig mit dem Knipsen Schluß.

10 Uhr 30: *Der Vielseitige*
Der Vielseitige erläutert mit den Händen, wie er die Fahrorganisation verbessern würde. Mit kleinen waage- und senkrechten Bewegungen unterstreicht er seine Worte und baut mit diesen Gesten neue unsichtbare Vierecke wie Bausteine auf. Die Bewegungen sind flink und energisch.

»So bekäme die Sache Format!«

Der Reisebüroleiter hat beide Arme aufgestützt, die Hände aufeinandergelegt, das Kinn ruht locker darauf. Seine Augen folgen interessiert den Bewegungen des Vielseitigen.

Signale: Mit den Händen beim Erzählen unsichtbare Bausteine aufeinanderzuschichten ist ein kreatives und engagiertes Element. Es zeigt Bewegtheit, Handlungswunsch und gezielte Vorstellungen an. Achtung! Wenn die Hände eher verworren herumfuchteln, sind die Gedanken oft sprunghaft und verwischt, man will auch nicht so genau festgelegt werden. Wird das Gefuchtel zum Armrudern gesteigert, kann man leicht als Spinner und Fantast eingestuft werden.

> »Mit den Händen reden« ist eine häufige Angewohnheit. Wenn Sie in Streß oder besonders aufgeregt sind, halten Sie unmerklich die Hände fest, am Körper oder an einem Gegenstand. Sie verraten sonst zuviel Nervosität!

Die vorgeneigte Haltung des Reisebüroleiter zeigt gespannte und gesammelte Konzentration an. Damit Augen und Ohren nichts entgeht, wird der Kopf »gestützt«, die passiv aufeinandergelegten Hände signalisieren, daß die eigene Aktivität jetzt ruht.

10 Uhr 45: *Die Zuverlässige.*

Die Zuverlässige hat sich vorgebeugt, ihr rechter Zeigefinger fuchtelt vor der Nase des Reisebüroleiters hin und her. Nein, so geht das nicht mit der Zimmerverteilung! Der Finger hackt und pickt wie ein Hühnerschnabel gegen sein Gesicht. Sie bekräftigt das Gesagte, indem sie abschließend mit demselben rechten Zeigefinger noch ein paarmal auf die Tischplatte klopft.

Der Reisebüroleiter hat seine Arme auf den Schreibtisch gelegt, die Finger sind ineinander verzahnt, die Hände gerade durchgedrückt, Außenhand nach außen auf der

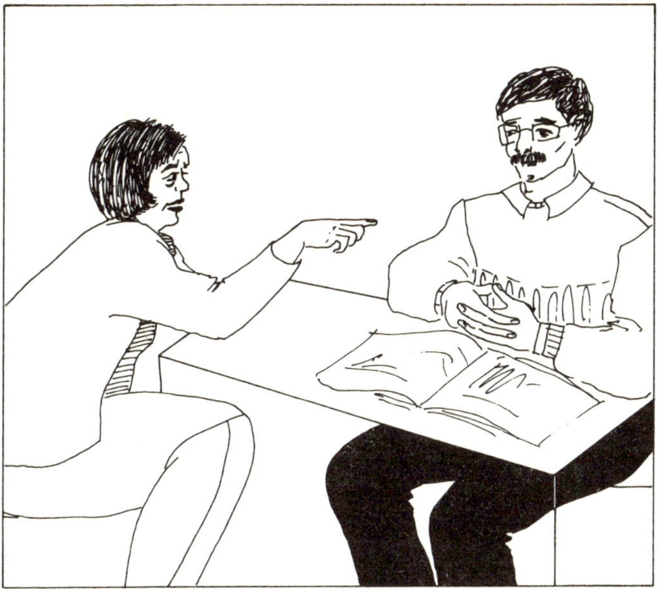

»Sie sind schuld!« *»Ich nicht!«*

Handkante stehend. Seine Daumen klopfen mit den Spitzen aneinander.

Signale: Der Zeigefinger ist Symbol der Ich-Entfaltung, der Ich-Durchsetzung. Hackt und pickt er wie bei der Zuverlässigen gleichsam als Schnabel auf jemanden ein, soll der andere bestraft werden, weil er unsere Ich-Entfaltung stört oder verhindert. Picken, Hin- und Herwedeln, und Klopfen auf den Tisch sagen dasselbe aus.

> Beachten Sie bei politischen Debatten und Talkshows, wie oft sich Redner von ihren Gegnern in ihrer Entfaltung gestört fühlen! Achten Sie bei sich selbst darauf, durch diese Geste nicht allzudeutlich zu verraten, daß Sie dem anderen die Schuld geben.

Die auf dem Tisch liegenden Arme des Reisebüroleiters mit den ineinander verzahnten Fingern sind wie ein Zaun, der das Grundstück unseres Ich-Bereichs abschirmt. Da läßt man nichts durch und nichts an sich ran, und man will auch nichts hergeben. Die aneinanderwippenden Daumenspitzen verraten mühsam gebremste Energie. Unser Daumen ist das Symbol des Ich-Triebs, der Ich-Aktivität.

Wenn Sie andere bei dieser Geste beobachten: Achtung! Die Ruhe täuscht! Wenn Sie selbst diese Handbewegung machen: Vorsicht! Explosionsgefahr! Entweder einlenken, oder mit neuem Impuls von einer anderen Seite an dieses Thema rangehen.

11 Uhr: *Die Bescheidene*
Die Bescheidene hat einen Arm locker auf der Schreibtischkante aufgestützt. Die Fingerspitzen suchen sich beim Spre-

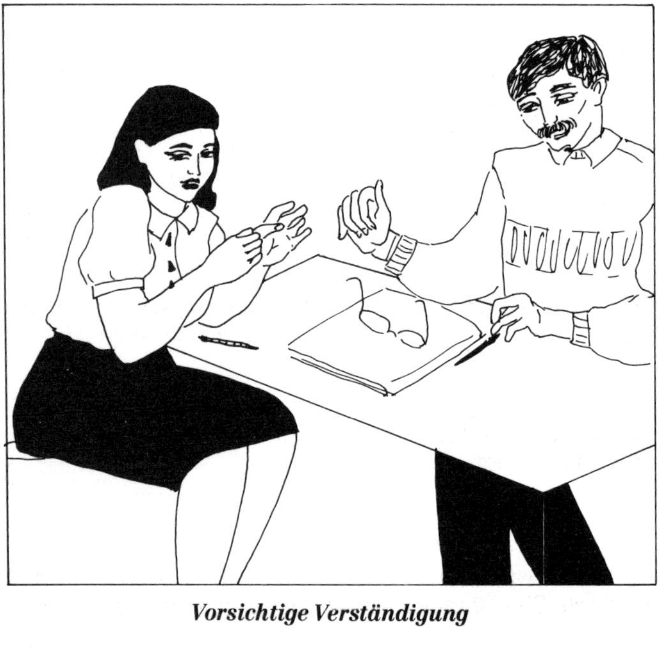

Vorsichtige Verständigung

chen oder berühren sich. Gelegentlich nimmt sie, ohne es zu merken, den Bleistift und fährt mit Daumen und Zeigefinger auf ihm hin und her. Wie soll sie sich am besten ausdrükken? Sie will den netten Reisebüroleiter nicht verletzten! Ihre Augen suchen Zielpunkte im Raum, ohne sie wirklich zu sehen. Der Reisebüroleiter hört ihr zu, legt dabei seine Brille auf die Akte, legt die Akte ordentlich in die Mitte, den Kugelschreiber legt er links daneben, nimmt ihn wieder auf und legt ihn behutsam rechts neben die Akte.

Signale: Berühren und Streicheln der eigenen Hände und Finger bei der Bescheidenen zeigt ein Tasten und Suchen. Man findet nicht die rechten Worte, versucht sich zu sensibilisieren. Man streichelt den Bleistift mit den empfindlichen Fingerspitzen, um das richtige Gefühl für die zu formulierenden Sätze zu bekommen. Der »verlorene Blick« geht nach innen.

> Zeit geben, das Gespräch behutsam führen. Die Argumente mit Takt vorbringen, nicht losballern! Das hilft dem Partner beim Finden seiner Worte. Nicht die halbangefangenen Sätze ungeduldig und schnell zu Ende sprechen!

Wenn man Sachen um sich herum geistesabwesend hierhin und dahin legt und wie der Reisebüroleiter etwas geraderückt, ordnet man damit seine Gedanken und Gefühle. Das ist kein Zeichen von Ungeduld oder Gedankenlosigkeit – es sei denn, jemand fingert und wühlt sinnlos zwischen seinen Sachen rum –, sondern von sensibler Konzentration.

> Zeit geben und Pausen machen. Lieber geduldig auf eine Antwort warten, als sich dauernd zu wiederholen aus Angst, daß das Gespräch versiegt.

11 Uhr 15: *Der Gemütliche.*

Der Gemütliche haut mehrmals kräftig mit der Faust auf den Tisch. Eine Stunde warten! Das kann man nicht mit ihm machen! Sein Oberkörper neigt sich mit angewinkelten Armen zum Schreibtisch. Er wirkt massiv und bedrohlich.

Der Reisebüroleiter hat seinen Stuhl etwas zurückgeholt, die ausgestreckten Arme berühren die Schreibtischkante mit den Fingerknöcheln. Der Oberkörper ist zurückgelehnt. Nur die Ruhe behalten.

Signale: Mit der Faust auf den Tisch schlagen meint immer den, mit dem oder von dem man gerade spricht. Hier soll der Reisebüroleiter ordentlich paar auf den Deckel kriegen, am liebsten würde es der Gemütliche selbst machen. Als zivilisierte Menschen hauen wir statt dessen auf Gegenstände ein: Vasen und Teller zerschlagen, Hunde treten, das zeigt immer die Wut auf eine Person – auch auf sich selbst.

»So nicht!« ***»Das wehre ich ab!«***

Achtung! Auch rasant aufs Gaspedal treten, tollkühn überholen oder scharf an jemand ranfahren ist Jähzorn.
Wenn Sie also merken, daß Sie mit der Faust schlagen, dann stellen Sie sich im Grunde vor, Sie dreschen wirklich auf den Partner ein – vielleicht bremst Sie diese Vision.

Wenn die ausgestreckten Arme mit den Händen an der Schreibtischkante die Entfernung zum Schreibtisch vergrößern und man sich noch dazu zurücklehnt, will man einen großen Abstand schaffen. Am liebsten würde man gehen. Die Unterredung scheint beendet.

Bei diesem negativen Signal entweder das heikle Thema wechseln, was selten möglich ist. Oder aufstehen und beim Abschied noch mal mutig und ganz konzentriert das eigene Anliegen vorbringen.

11 Uhr 30 *Der Tolerante*
Der Tolerante will nur kurz bleiben. Nein, er hat keine Beschwerde. Dabei streicht er sich über die Haare, entfernt einen Faden von seinem Ärmel. Er schiebt seine Manschette zurück und sieht nach der Uhr. Das ist doch nicht möglich? Er schaut noch mal hin. So lange hat er schon sinnlose Konversation gemacht?

Der Reisebüroleiter schiebt während des Gespräches seine Brille von sich weg, ebenso die Akte, die er zugeklappt hat. Er will nicht mehr.

Signale: An sich herumputzen und zupfen heißt sich zurechtmachen, einen guten Eindruck von sich vermitteln wollen, nur keine Schwierigkeiten, keine Debatten oder Konfrontationen! »Es ist sowieso nicht wichtig. Die kostbare Zeit, die man verquatscht! Das lohnt sich doch gar nicht!« werden durch das mehrmalige auf die Uhr sehen deutlich.

»Mich drängt die Zeit.« *»Mich nicht.«*

> Die eigene Zeit als wertvoll und kostbar hinzustellen ist immer auch das Urteil, daß die Zeit des anderen – und damit der andere selbst! – wertloser ist als man selbst. Man macht seine Zeit rar, und der andere bekommt sofort Schuldgefühle, die »kostbare Zeit gestohlen« zu haben.

Sich Platz verschaffen, indem man wie der Reisebüroleiter die vertrauten Gegenstände von sich wegschiebt, heißt, daß man eigentlich keinen Kontakt will. Man will auch nicht, daß der andere in das eigene Territorium eindringt, in ein Gespräch, eine Beziehung. So vergrößert man unbewußt den Ich-Bereich und wehrt den anderen ab.

> Signale für eine Antipathie oder sehr viel Abstand sind keine gute Basis. Man sollte die Unterredung – wenn möglich – verschieben.

Wer ist hier arroganter?

11 Uhr 45: *Der Individualist*
Der Individualist sitzt halb herumgedreht im Stuhl. Über die Schulter spricht er zum Reisebüroleiter und wechselt dabei dauernd seine Stellung. Er hat sich manches auf der Reise anders gedacht und überhaupt... er hat dabei die linke oder die rechte Hand vorm Mund. Wenn er was sagt, nuschelt er.

Der Reisebüroleiter hat jetzt die Gespräche ziemlich satt. Ein Anruf kommt. Er sagt: »Ja, ich rufe sofort zurück, bin hier gleich fertig!« Ein Grund für den Individualisten abrupt aufzustehen und zu sagen: »Wir *sind* fertig!«

Signale: Dauerndes Rumrutschen und Stellung verändern zeigt Beweglichkeit, Nervosität, Ungeduld, ja Unbehagen. Man sucht immer wieder eine neue Stellung, eine neue *Ein*-stellung. Über die Schulter sehen heißt: kein Interesse, keine Beziehung. Hand vor dem Mund signalisiert, daß man nicht reden will, daß man seine Worte zurückhält. Außerdem zeigt Nuscheln eine gewisse Arroganz: Der andere soll zuhören, wenn man spricht! Auch Gleichgültigkeit: Ob er zuhört oder nicht, ist auch nicht wichtig. Alles deutet darauf hin, daß es da viele Kommunikationsbremsen gibt. Auch Ängste oder Hemmungen. Die Telefonbemerkung »Ich bin gleich fertig« empfindet man als Unverschämtheit.

> Die Telefonate, wie sie der Reisebüroleiter führt, sind oft Einschüchterungsmanöver, um beim Besucher Minderwertigkeitskomplexe zu schaffen. Besonders die »wichtigen« Telefonate, die man unbedingt während eines Gesprächs führen muß!
> Sie sollen nur signalisieren: »Ich und meine Arbeit sind wichig, Du nicht!« Genauso unverschämt ist die Bemerkung: »Ich bin hier sofort fertig!« Im Grunde ein Hinauswurf. Und dann noch die desinteressierte Frage: »Ja, wo waren wir doch gleich stehengeblieben . . .?«
> Das sind alles Tips für die »perfekte Führungskraft«! Nicht persönlich nehmen! Das gehört zum »Machtprofil«. Man kann natürlich so reagieren, wenn ein Besucher besonders zudringlich und hartnäckig ist und Sitzfleisch hat. Es sollte nur keine Gewohnheit werden! Am besten fängt man das mit Humor ab oder zeigt sich total unempfindlich dagegen.

12 Uhr: *Die Sensible.*
Die Sensible hat zweimal in einer schlechten Dependance schlafen müssen. Ihre Hände liegen auf dem Schreibtisch. Die Handflächen sind aufgestellt, die geschlossenen Fingerspitzen berühren sich. Die zwei Daumen sind hochgereckt. So bilden Arme und Hände einen Zaun.

Der Reisebüroleiter kratzt sich leicht am Ohr, lockert seinen Hemdkragen mit dem Zeigefinger, streicht sich über die Stirn und über die Haare, die eigentlich recht ordentlich liegen.

Signale: Mit aufgestellten Händen einen kleinen Zaun um sich bilden sind ruhige Gesten, die aber deutlich warnen: Das geht zu weit! Dabei sind die Innenhandflächen zu sich gekehrt. Man gibt keinen Einblick in sein Inneres. Der

Daumen ist warnend erhoben. Noch wird der eigene Durchsetzungswille nicht aktiv – aber er könnte es werden, um sich zu schützen. Bei der gebeugten und inaktiven Sitzhaltung mit geschlossenen Beinen bleibt das wohl nur ein Wunsch!

Wird er ihren Bitten entgegenkommen?

Sich kratzen wie der Reisebüroleiter, den Kragen lockern um sich Luft zu verschaffen, über Haare und Stirn streichen, obwohl alles ordentlich ist: Etwas stört einen, ist einem unangenehm, ja peinlich. Deutliche Signale von Unsicherheit und Nervosität, bis zu schlechtem Gewissen und Angst. Bei abgewandtem Kopf aber auch Zeichen von Überreizung und nicht mehr weiter Wissen.

> Wenn Sie sich selbst dabei ertappen, fangen Sie am besten mit neuem Impuls und Stellungswechsel das Thema von einer anderen Ecke neu an.

Der Reisebüroleiter hat alle empfangen.

Gönnen wir ihm eine Pause!

Es gibt zwei Wege, auf denen man versuchen kann, sich zu verändern, um die Reaktionen, mit denen wir bei uns selbst unzufrieden sind, zu verbessern.

Der erste Weg ist der schwerere: Ich ändere mein *Wesen,* meine Einstellung, meinen Charakter.

Der zweite Weg ist der leichtere: Ich ändere meine *Verhaltensweisen* und Reaktionen, weil ich erkannt und gesehen habe, daß ihre Wirkungen negativ sind, obwohl ich das gar nicht beabsichtige.

Wenn wir Glück haben, schließt jeder der beiden Wege als Endergebnis die positive Veränderung der gesamten Persönlichkeit ein.

Unsere Reisegruppe hat sich während der gemeinsamen Fahrt recht gut kennengelernt. Hemmungen und viele Unsicherheits- und Ängstlichkeitsbarrieren sind abgebaut.

Jeder konnte die Reaktionen der anderen auf das eigene Verhalten beobachten.

Jeder konnte für sich lernen, wann er auf positives Echo stieß und wann er seinen guten Eindruck verstärkte.

Kleine äußere Veränderungen des Verhaltens erzielen oft eine positive Wirkung im Auftreten.

So verstärken wir unseren positiven Eindruck

8. Das kalte Buffet

Am letzten Abend der Reise gibt es für die Reisegruppen im Hotel ein festliches kaltes Buffet. Man kann an verschiedenen kleinen oder großen Tischen Platz nehmen, die hübsch geschmückt sind.

Der Vielseitige betritt den Speisesaal. Nicht zu fassen! Er ist der erste unserer Gruppe! Jetzt hat er noch reichlich Zeit und kann sogar mit Genuß eine Zigarette rauchen. Und vor allem: Er will den heutigen Abend mit der Aktiven verbringen. Sie haben viele gemeinsame Interessen. Ah, da kommt sie.
Die Aktive zögert an der Saaltür. Sie wirkt durchaus nicht unentschlossen, nur nicht ganz so energiegeladen wie sonst. Da ist der Vielseitige schon bei ihr, bietet ihr den Arm und zeigt auf einen Tisch für zwei Personen in einer Ecke des Saals. Warum eigentlich nicht? Sie nickt und lacht und folgt ihm.

Signale: Haben Sie etwas bemerkt?
Der Vielseitige ist nicht gehetzt und wirkt daher sehr konzentriert. Er weiß, wo er sitzen und mit wem er einen echten Kontakt aufnehmen will. So hat er mit seinem heiteren Charme, seinen lebhaften Gesten und Bewegungen, die nun nicht hektisch und fahrig, sondern spontan und gezielt

auf eine Person ausgerichtet sind, einen überzeugenden Eindruck gemacht.
Die Aktive paßt ihre energischen Schritte seinen kleinen, lebhaften Schritten an. Ihre rasanten Bewegungen werden sparsamer, vorsichtiger. Sie bleibt mit ihm stehen und geht mit ihm weiter – ja, vielleicht wird sie ihn sogar bitten, etwas am Buffet für sie auszusuchen.

Beide Reiseteilnehmer haben übertriebene Signale, die manchmal einen negativen Eindruck hervorgerufen haben, gut bewältigt.

Der Vielseitige:

> Statt Hetze und Zuspätkommen nun Gelöstheit und Heiterkeit. Statt unverbindlichem Plaudern nun konzentrierte Zuwendung und Direktheit, dadurch strahlt er mehr Energie und Überzeugungskraft aus. Statt austauschbarer Platzwahl eine deutliche Revierabgrenzung mit einer innerlichen »Stellungnahme«. Statt Mittreiben und Mitmachen hat er die Initiative zur Führung ergriffen. Der Eindruck: »Ein Nervöser!« wird vermieden.
>
> Das ist ihm gut gelungen! Er wird es bei anderer Gelegenheit wieder probieren und damit bestimmt Erfolg haben!

Die Aktive:

> Statt wie immer die Initiative zu ergreifen, überläßt sie die jetzt einem anderen. Ihren »Lokomotive-Impuls«, der manchen eingeschüchtert hat, hält sie etwas auf Sparflamme und ermutigt dadurch Schüchterne oder Passivere, mit ihr Kontakt aufzunehmen. Statt mit Riesenschritten den Raum zu durcheilen, paßt sie sich dem Gang und dadurch dem Wesen des Partners mehr an, und wirkt so nicht »aggressiv«.
>
> Die Gefahr, durch ein »Zuviel« andere zu verstören, die ihre enorme Tatkraft und Energie nur in Portionen verdauen können, hat sie gut erkannt! Beim nächsten Mal wird sie wieder daran denken, daß dieses Verhalten ihren positiven Eindruck verstärkt!

Die *Sensible,* der *Optimist* und die *Zuverlässige* sind eingetreten.
Die Sensible war die erste! Sie ist schnell und schwungvoll am Optimisten vorbeigetrippelt. Nach links und rechts lächelnd geht sie geradewegs weiter zum Buffet! Eine Leistung! Alle haben nur auf sie geschaut – meint sie und dreht sich um. Keine Spur! Die haben alle was anderes zu tun! Sie atmet tief durch und nimmt einen Teller. Und als der Koch fragt: »Darf ich Ihnen etwas auflegen?« sagt sie laut und bestimmt: »Nein, danke, ich wähle selbst!«
Der Optimist ist ihr nicht gefolgt. Mit seinen großen, schwungvollen Schritten geht er unauffällig und freundlich, aber ohne daß der ganze Saal ihn begrüßt, zu einem der Seitentische.
Die Zuverlässige geht am Buffet entlang. Sie wendet sich an den Koch und zeigt bewundernd auf einen geeisten Butterzwerg! Sie bestaunt eine schön dekorierte Torte, betrachtet sie von allen Seiten und wendet sich zu den Nachbarn links und rechts: »Oh, bitte, ich habe Zeit!« Sie lächelt mit geschlossenen Lippen in die Runde. Als beim Eingießen ein Spritzer Sekt auf ihren Ärmel tropft, zeigt sie mit gehobenen und geöffneten Handinnenflächen an: kein Problem!

Signale: Haben Sie unsere drei Reiseteilnehmer wiedererkannt?
Die Sensible hat sich nicht mehr ins Schlepptau nehmen lassen! Sie ist allein losgegangen und hat sich das kalte Buffet zum Ziel gewählt. Bravo! Und wie sie überrascht feststellt, starrt man sie ja gar nicht an!

Statt passivem Bemuttern- und Bevormundenlassen ist sie mutig allein losmarschiert.
Das gibt der Zarten auf einmal mehr Kraft und dem ängstlichen Gang mehr Zielstrebigkeit. Sie muß dazu den Kopf heben und schauen! Haltung, Gang und Gesten sind aufrechter, beschwingter und federnder. Verbunden mit ihrem anmutigen Wesen wird aus dem Persönchen eine Persönlichkeit.

Statt alles widerspruchslos anzunehmen, »weil es die anderen doch besser können«, wählt und bestimmt sie selbst. Statt dankbarem Nicken und stillem Leiden übt sie damit Entschlußfreudigkeit und Spontaneität. Sie sagt: »Ich will dies und ich will das« – das macht sie mutiger und selbstverantwortlich. Der Eindruck des Zerfließenden, des Mimosenhaft-Empfindlichen wird vermieden. Aktive Impulse geben ihr Schwung, das kann auch auf Partner sehr anregend wirken. Das macht sie sehr froh!

Diese Mutproben wird sie öfter machen, denn jetzt traut sie sich etwas zu!

Der Optimist sitzt eigentlich recht ruhig und in sich gekehrt da, und nicht an dem großen runden Mitteltisch als Alleinunterhalter, eher abseits. Aber Haltung und Gesicht sind der Saalmitte zugewendet.

Statt alles zu bestimmen und die Betriebsnudel zu spielen, ist seine Haltung auch am Rand des Saales den anderen offen zugewandt. Statt mit rudernden »Hoppla, jetzt komm ich«-Bewegungen und dröhnendem Lachen sich die anderen ständig einzuverleiben und den »Zweckoptimisten« zur Schau zu stellen, zeigen seine lockeren Gesten, sein offenes fröhliches Lächeln Bereitschaft, aber kein Aufdrängen an. Er kann abwarten, ob man ihn ruft und fragt, und macht dadurch den Schüchternen Mut.

Natürlich, da und dort winkt man ihm schon zu! Man spürt und braucht seine positive Schutzbereitschaft! Darüber freut er sich!

Die Zuverlässige – ja was ist mit ihr los? Sieht sie nicht, daß jemand ein Glas Rotwein am kalten Buffet verschüttet hat, daß drei schmutzige Salatlöffel auf dem sauberen Tischtuch liegen, daß das Messer, das sie in der Hand hält ... Nein!

Statt Fehler aufzuspießen und zu suchen, schauen ihre Augen dahin, wo es etwas Schönes zu sehen gibt! Sie lernt das richtig! Statt dem Koch zu sagen, daß sie fettes Fleisch gräßlich findet, nickt sie lobend über den lustigen Butterzwerg. Statt reserviert und abwehrend in der Reihe zwischen Vorder- und Hintermann zu stehen, vergrößert sie ihren engen Ich-Bereich durch Drehen und Wenden zu den anderen. Das macht ihre etwas verschlossene und in sich gekehrte Haltung biegsamer und lebendiger. Sie unterdrückt den Ärger über den vergossenen Sekt und macht durch die Handbewegungen gute Miene zum bösen Spiel. Sich nach außen zu öffnen und bewußt zuerst Positives sehen zu wollen, nimmt viel von der Gefahr, eine Nörglerin zu werden. Sie wirkt ausgeglichener und lockerer, ohne dabei ihre Zurückhaltung aufzugeben. Und wenn sie in den Spiegel schaut, weiß sie, daß es hübscher ist mit geschlossenen Lippen zu lächeln, als abwertend die Stirn zu runzeln.

Echo und Sympathie sind erfreuliche Antworten auf ihr Verhalten!

Der Gemütliche wollte heute mit allen reihum zum Abschied noch mal Kontakt aufnehmen. Er war schon am kalten Buffet, da fiel ihm etwas Nettes ein. Er drehte um und bestellte einige Gläser Sekt auf seine Kosten und trug die zu seinen Reisegefährten. Dabei neigte er sich hierhin und dahin, beugte sich zu dieser oder jener Dame, sprach ein paar Worte, machte einen Scherz.

Signale: Ist Ihnen etwas aufgefallen?

Der Gemütliche

hat statt fester und manchmal etwas abgehackter Gebärden mehr Schwung und Elastizität. Statt statischer Unbeweglichkeit gibt ihm das Beugen und Neigen zu den anderen, das Drehen und Wenden etwas ungemein Joviales, Herzliches, Positives. Statt der Gefahr der Trägheit, ja der Dickfelligkeit zu verfallen, ist er gelassen, heiter und ruhig. Seine kraftvolle, sichere Ausstrahlung, seine Verschmitztheit erwecken rundherum Sympathie und Wohlbehagen – und trotzdem läßt man ihm seine Ruhe.

Er wird jetzt öfter bereit zu einem aktiven Gespräch und bereitwilligem Zuhören sein!

Der Tolerante führt die *Besondere* zum Buffet. Vor dem Tisch mit den leckeren Vorspeisen steht die *Zutrauliche*. Als sie sich umdreht, stößt sie fast an die Besondere – aber die tritt zurück, legt ihren Arm um deren Schulter und läßt ihr freundlich mit kleiner, unauffälliger Geste den Vortritt. Und weil sie längere Arme hat, fischt sie noch lachend eine große Gurke aus dem Topf und tut sie auf ihren Teller.

Die *Zutrauliche* nickt ihr zu – aber auch nicht zu lange und nicht zu überschwenglich, geht dann gleich weiter. Sie fragt den Herrn vor sich nicht, ob der Braten fett ist, und sie packt den Koch nicht am Ärmel, weil er zuviel auf den Teller legt.

Signale: Was ist hier geschehen?
Die *Besondere*

meinte doch eigentlich immer, sie könnte den Mittelpunkt beanspruchen. Netterweise läßt sie jetzt Schwächere vorgehen. Statt sich mit großer Gebärde zu behaupten, bietet sie ihre Hilfe mit kleinerer Geste heiter und selbstverständlich an. Mit offener Umarmung nimmt sie Unsichere in ihren selbstsicheren großen Ich-Bereich. Ihre dominante, für andere oft erdrükkende Kraft und Selbstbehauptung wird dadurch liebenswerter und beschützender und signalisiert Bereitschaft, sich auch für andere einzusetzen.

Sie wird immer bewundert und hat stets etwas vom Anspruch einer Primadonna – aber Neid und Mißgunst, ihre ständigen Begleiter, bleiben fern, wenn sie sich manchmal etwas schmaler macht, auch die anderen sieht und aufnimmt. An deren Dankbarkeit merkt sie oft erst, wie erfolgreich sie ist!

Die *Zutrauliche* nickt freundlich, aber knapp und geht etwas zurück. Sie hält den Abstand zum Du ein! Auch dem Herrn vor ihr tritt sie nicht zu nahe, nicht einmal mit

Worten. Und ihre flinken und ausdrucksvollen Gesten reichen aus, dem Koch ein »Halt« zu signalisieren, ohne seinen Arm zu packen.

Statt zu reden um des Redens willen etwas mehr Auswahl und Konzentration – das gibt ihr mehr Gehalt und Rückgrat. Statt andere durch zu große Körpernähe und Anfassen zu bedrängen und so die Gefahr der Zudringlichkeit zu erwecken, strahlt sie nun beim Suchen und Gucken und Wählen Munterkeit und Lebensfreude aus. Die beweglichen Gebärden, das Hierhin und Dorthin signalisieren Offenheit, ohne sich anderen aufzudrängen. Die werden von dem liebenswert zutraulichen und daher Furchtlosigkeit und Direktheit signalisierenden Wesen angezogen und zu Aktivität und Heiterkeit angeregt! Das macht sie unentbehrlich für alle Kontakte!

Der *Umsichtige* hat sie die ganze Zeit beobachtet. Und schnell und unauffällig benutzt er die erste Gelegenheit, sich trotz wartender Schlange hinter sie zu stellen, direkt vor den Toleranten, der gerade wegschaut.

Da dreht der *Tolerante* sich um und stutzt . . .

Und dann klopft er ihm auf die Schulter und zeigt ganz eindeutig mit dem Daumen hinter sich. Als der Umsichtige verblüfft schaut, nickt er nachdrücklich mit dem Kopf und verstärkt seine Bewegung.

Der *Umsichtige* tritt zurück und zeigt seine offenen Handflächen – gut, gut, er wollte nichts Unmögliches! Etwas verlegen und unsicher steht er da, lächelt entschuldigend in die Runde, kratzt sich am Kopf, klemmt den Teller unter seinen Arm und geht ans Ende der Schlange. Einige lachen.

Er lacht mit – wenigstens ein bißchen.

Signale: Ja, waren das wirklich die beiden Reiseteilnehmer, die wir kennengelernt haben?

Der *Tolerante*

hat statt steter Verbindlichkeit, geschmeidigen Gesten und glatter Miene auf einmal Spontaneität und Festigkeit gezeigt. Statt eleganter, anpassender Bewegungen ein ganz deutliches, für ihn geradezu rowdyhaftes Signal: »Marsch nach hinten!« Das aber macht bei ihm den Eindruck freundlicher Bestimmtheit, denn seine Haltung, sein Ausdruck werden nie gewalttätig und aggressiv. Statt alles abzufangen und abzufedern und damit eventuell als Konformist eingestuft zu werden, hat er den für ihn bemerkenswerten Mut, in der Öffentlichkeit ganz bestimmt »Nein« zu sagen. Das war zwar ein geringfügiger Anlaß, aber der prompte Erfolg stärkt sein Selbstvertrauen sehr!

Der *Umsichtige*,

der mit sparsamen Bewegungen stets präsent ist und sich behauptet, wo er eine Lücke findet, hat es mal nicht so durchdacht und geschickt gemacht wie sonst. Aber statt sich bockig hinzustellen, gibt er seinen Fehler zu und entschuldigt sich auf seine Art. Statt mit »Brust heraus« den Alleskönner zu zeigen, kratzt er sich am Kopf und signalisiert mit dem Teller, den er wegsteckt: »Na, erst mal weg mit dem Appetit und anstellen!« Das ist spontan, etwas verlegen und dadurch erheiternd, so daß sofort Sympathie entsteht. Statt gezielte, stets vom Verstand geplante Reaktionen, die zwar entgegenkommend sind, aber auch immer betonen: »So ist es vernünftig! Das muß doch jeder einsehen!« läßt er nun gelegentlich mal seine Emotionen aufkommen. Das nimmt ihm die Ausstrahlung des Übereifrigen, des Perfekten. Er zeigt in Haltung und Mimik mehr Lockerheit und Sensibilität. Dadurch entsteht eine Vertrautheit mit denen, die Fehler machen! Um so bereitwilliger und dankbarer erkennen sie seine Fähigkeiten an!

Die *Bescheidene* und der *Individualist* sind gerade beim Obstkorb angelangt. Da dreht sie sich plötzlich lebhaft zu ihm um, hebt eine blaue Weintraube in seine Richtung und sagt: »Die möchten Sie, nicht wahr?« Er wollte sie wirklich und nickt überrascht. Sie legt sie auf seinen Teller und greift spontan nach einer Williamsbirne. »Ihre Lieblingssorte! Darf ich?« Es ist seine Lieblingssorte, er hat sie immer zum Nachtisch gewählt! Da fallen ihm ihre sehnsüchtigen Augen im Museum ein. Er nimmt eine Süßspeise und bietet sie ihr an. Ihre Augen werden groß und leuchtend, und erstaunt schlägt sie die Hand vor den Mund.

Signale: Was ist ihnen bei den beiden aufgefallen?
Die *Bescheidene* mit der passiven, etwas resignierten Haltung, den gesenkten Blicken, die manchmal den Eindruck einer Dulderin erweckten und auf Kontaktschwierigkeiten schließen lassen, wurde durch aktives Bewegen, sich Auge in Auge Stellen, viel lebendiger. Das Überwinden der Schüchternheit gibt ihr einen rührenden Löwenmut, der stärkere Naturen bezaubert.

Statt Weghuschen und Verkriechen und sehnsüchtigem Warten nun Aufrichten, Zuwenden und Ansprechen – für sie ist das geradezu abenteuerlich! Statt ihr feines Gespür, ihr Hörenkönnen, ihren guten Instinkt zu verstecken, läßt sie ihn frei. Das macht sie impulsiv, sicher, und das erfreut andere. Statt die Augen niederzuschlagen, schaut sie auch mal auf den Partner, offenbart, was sie empfindet. Daß sie noch überrascht die Hand vor den Mund hält, signalisiert: »Eigentlich will ich spontan etwas sagen!« Sie hat von sich aus Kontakt geschaffen! Wie sicher sie sich auf einmal fühlt! Das wird sie in ihrem Auftreten ganz bestimmt erfolgreicher machen!

Der *Individualist* hat die Gabe, das Unübliche zu spüren und zu sehen, weil er selbst aus der Norm fällt und nicht glatt ist. Er schließt sich nicht mehr aus, sondern ist bereit zu hören. Dazu wendet er sich an den Partner, und kommt ihm – nach dessen Aufforderung – hier mit dem Teller entgegen.

Statt nur sich selbst als Maß aller Dinge zu sehen, womit er in die Gefahr kommt, als Außenseiter zu gelten, spitzt er Ohren und Sinne für das Anders-sein der Partner. Das mindert die spöttische Überlegenheit und läßt ihn nicht in der Isolation vereisen.

Beide, die Bescheidene und der Individualist, haben in ihrer sehr auf sich selbst konzentrierten Art des Sichabsonderns und Abwartens eine gewisse Ähnlichkeit. Statt Abwehr, ja Mißtrauen oder Angst haben beide ihre feinen Antennen ausgefahren und wittern, wo sie aus der Reserve gehen können. Das steigert Lebensfreude und Selbstvertrauen. Auch wenn's beim zweiten Mal nicht so klappt – sie werden es wieder probieren!

Schlußwort

Der Eindruck, den wir machen, ist oft ein anderer als der, den wir selbst von uns haben. Dadurch erleben wir Enttäuschungen und bekommen Minderwertigkeitskomplexe.

Wenn wir lernen, die Signale der Körpersprache bei anderen zu sehen, ergeben sich zwei Vorteile:

Wir deuten die unbewußten Gesten unseres Partners richtig, sehen seine Ängste, Schwächen und Übertreibungen, und sagen uns: »Aha, so sieht es wirklich in ihm aus!« Damit verbessern wir unsere Menschenkenntnis und meistern Alltags- und Berufssituationen viel leichter.

Wir wissen nun, was unsere eigenen unbewußten Gesten dem Partner verraten und können dadurch Unsicherheit, Aufregung und Angst besser in den Griff bekommen. Das gibt uns Selbstvertrauen, mehr Mut und Selbstsicherheit im Auftreten.

Unsere Straßen zum Erfolg werden nicht immer nur durch große Hindernisse verstellt. Durch die Kenntnis der Körpersprache räumen wir die kleinen Stolpersteine, die uns viel öfter blockieren, als wir es selbst merken, aus dem Weg!

Literaturverzeichnis

Samy Molcho: Körpersprache, Mosaik Verlag, 1983.
Vera Birkenbihl: Signale des Körpers, MVG Verlag, 1985.
Julius Fast: Körpersprache, Rowolth, 1981.
Julius Fast: Geschäftssprache des Körpers, Heyne Verlag, 1981.
Bernd A. Mertz: Die Praxis der Handanalyse. Ariston Verlag, 1989.